青春文庫

折れない・凹まない・ビビらない！

忍者「負けない心」の秘密

小森照久

青春出版社

はじめに

戦国時代、過酷な任務を帯びてストレス状況下に置かれ、命の危険を感じながらも懸命に生き抜いてきた人たちがいました。

それが「忍者」です。

一般的に忍者といえば、城に火をつけたり、城への侵入の際に味方の手引きをしたり、待ち伏せをするなどをイメージする方が多いかもしれません。しかし、最も重要な任務は相手の情報を獲得し、それを持ち帰ることでした。

したがって、一番大切なことは、「生きて、生きて、生き抜くこと」だとされていました。そのために、決して命を落とさないように、戦いを避け、逃げることを恥としないことが説かれています。

日々の精進は生きのびることに重きを置いていたようです。

忍者は極秘裏に活動し、名も残さない者。それ故に史料が多いわけではありません。

私は精神科医として36年の経験をもち、ストレス研究を専門としています。縁あって、忍者の精神性について研究をすることとなりました。

現代に生きる本物の忍者を被験者にして、忍者のポーズとしても有名な「印」と、あまり知られていない「息長《おきなが》」という呼吸法の心身に及ぼす効果を調べる機会を得たのです。

そこでわかったことは、忍者がもっている驚くほど見事な自己コントロール術と深い精神性でした。

そして、生きて、生きて、生き抜くという忍者の姿が、忍者に関わり、忍者のことを調べて得られた、私にとって大きな発見です。

どんなつらい環境、困難なときにあっても決して負けない心を持ち続けていられた、この姿こそ、現代人の心身の健康、特に精神の健康の維持・増進に大いに参考になると思っています。

本書では、序章の忍者の歴史に始まり、第一章で忍者の精神性、第二章では忍者がいかに心理戦に長けていたのかについて、第三章では本書の核心である忍者の精神性についての研究、第四章では忍者が行っていた驚異的な身体鍛錬、第五章では忍者のサバイバル術をはじめいくつかの興味深い技を紹介していきます。

読んでくださった皆様が何かを感じ取って、現代に生かして頂けたら幸いです。

もくじ

第一章 忍びの「精神力」

不屈の精神が生まれた背景に迫る

第二章 忍びの「心理戦術」

任務遂行の鍵を握る、思い通りに人を動かす力

第三章 忍びの「心」を科学する

脳波で読み解く、動じない心とは？

第四章

忍びの「躰」

運動効率を最大限に高める、その体の使い方

第五章 忍びの「術」

生きのびるために——いざという時のサバイバル術

編集協力　百瀬康司
本文イラスト　武藤文昭
協力　川上仁一
本文デザイン&DTP　株式会社 リクリデザインワークス

序章

忍びの者

覆面も手裏剣も使わなかった!?
明らかになる忍者の実態

「忍者」は、どうやって生まれたのか

漫画やゲームのイメージが強い忍者ですが、実像はあまり知られていません。少し歴史を紐といていきましょう。

忍者は、もともと「忍び」と呼ばれていました。昭和30年代以降に「忍者」という呼び名が定着したというのが最近の定説です。一方で「忍び」は非武士の忍者であり、武士の忍者は「忍士《しのびざむらい》」と呼ばれたとの説もあります。この先は定説にしたがって記述していきます。

さて、「忍び」の直接の起源は、鎌倉時代末期から南北朝時代にかけて荘園制の支配者に抵抗した「悪党」と呼ばれる人たちにあります。

江戸時代以降は博徒《ばくと》を悪党と呼び、今でも悪党とは悪者や悪者の仲間を指すのが一般的です。しかし、忍者の歴史における先述の悪党は必ずしもそうではありません。

悪党とは荘園領主側からの見方だからです。

鎌倉時代、幕府の支配下にある荘園には地頭が置かれていましたが、地頭が置かれていない荘園もありました。中央の貴族や寺社が名義上の荘園領主です。この地頭のいない荘園の秩序を乱す者が悪党のはじまりです。

悪党は近隣の勢力や、時には地頭らとも連携したりして、荘園領主に従わず、反抗をしました。荘園領主は自ら制圧できなくなると、朝廷を介して鎌倉幕府に制圧を頼むことに。幕府にとって、荘園の支配を拡大するチャンスでしたが、制御できず、鎌倉幕府の権威は失墜し、悪党は武士集団として力を持つことになりました。

室町時代には力を持った悪党集団は、国人《こくにん》に発展。後醍醐天皇に従った楠正成一族も悪党なのです。多くの国人は土豪や地侍として力を持ち、やがて守護大名と対峙。下剋上の過程を経て戦国大名になる者もあらわれました。

このような歴史の流れの中で、伊賀・甲賀などでは悪党から「忍び」が生まれました。応仁の乱後は戦乱が続き、忍びの技もさらに磨かれていったと思われます。

戦国時代には忍びは各地の大名に召し抱えられ、敵国への侵入、放火、破壊、夜討、待ち伏せなども行いました。中でも、最も重要な任務は情報収集。戦国大名もその情報に基づいてできるだけ損害を少なくして勝つ方法を考えるため、忍びは極力戦闘を避け、何が何でも生きのびて情報を主君に伝えることが最も大事でした。伝えられているさまざまな技は、巧妙に情報を集め、生きのび、逃げ、生還するためのものです。

そうした技の中にはスマートで、かっこよく、びっくりするようなものがたくさんありましたので、後世、特に昭和30年代以降に漫画や映画で描かれ、今多くの人が抱いているような、忍者装束で手裏剣を使い、印でドロンと消える忍者像が作られていったのです。

「日本書紀」にも登場する忍者のルーツ

では、文献から忍者のルーツを探ってみましょう。日本書紀に、新羅の間諜（うかみ＝かんちょう）を捕らえて上野国《こうずけのくに》に流したとの記述があります。間諜とは、密かに相手の様子をさぐって味方に報告する者のことで、要するにスパイです。大化の改新の詔に間諜を設置したと記されています。

『伊賀問答忍術賀士誠《いがもんどうにんじゅつかざむらいのまこと》』には神武天皇の御代の道臣命《みちおみのみこと》を忍術の祖とし、聖徳太子が甲賀の大伴細入（または細人）を使って物部守屋を倒したことから、聖徳太子によって「志能便《しのび》」と名づけられたとの伝承もありますが、いずれも江戸時代の創作のようです。

また、忍術書の集大成である『万川集海《まんせんしゅうかい》』に、天武天皇が忍びを使ってある親王を攻めたという記載がありますが、実在しない親王であり、これも創作と考えられています。

結局、前項で述べたように、平安時代に荘園領主の支配に抵抗した悪党の中から、南北朝時代に忍者はあらわれたようです。歴史上で確実に確認できるのは『太平記』の記載で、密かに忍び込んだ足利側の者が石清水八幡宮の社殿に放火して敵を大混乱に陥れたことなどが描かれています。

覆面も手裏剣も全部ウソ⁉ つくられた忍者像。その真実とは？

忍者といえば、黒い覆面に軽やかな身のこなし、敵に遇ったら手裏剣を投げて倒す――。こんなイメージがあるかもしれません。

しかし、忍者は情報収集をして生還することが最優先ですから、ひと目で忍者とわかるような身なりはしていませんでした。むしろ、農作業で着る野良着がふつうだったと考えられます。ほかにも、目立たないように、商人、僧侶、虚無僧などいろいろな職業の人になりきって、その身なりをしていました。皆がイメージする忍者装束ではなかったのです。

また、忍者の必需品のように現在では思われている手裏剣は、実際にはほとんど使わなかったと思われます。理由は、そのようなものを持っていては怪しまれること、重くて身軽に動けないこと、そして鉄が貴重品だったからです。

忍者が情報収集をするといえば、天井裏に忍び込んだり、ふすまの陰で話を盗み聞きするというイメージがあるかもしれません。忍者は呼吸の音、歩く音などをできるだけ消すような方法を実際に身につけていたので、このようなこともあったでしょうが、やはりリスクが高過ぎます。実際には、敵地の人々とコミュニケーションをとりながら関係を深め、情報を得ることが主だったのではないかと考えられています。

もしかしたら、皆さんの持つ忍者のイメージを壊しているかもしれません。

しかし、それに代わる新たな忍者像が次第に明らかになってきています。

私には、深い精神性と自己コントロール術、そして生き抜くという意思と能力を持っていた、新たな忍者像のほうが魅力的です。ただの憧れで終わらず、生き方に悩んでいる私たちの道しるべとなってくれるからです。

忍者の心の強さはどこからきているのか？

心身を限界まで追い込む厳しい修行。

失敗すれば命の保証はない任務の数々。

予想外の出来事や仲間の裏切り、敵地での窮地など、忍者として生き抜くためには、どんなピンチにも屈することなく、どんな状況でも生き抜くという強い意志とメンタルコントロール術が不可欠です。

忍者の心の強さはどこから来るものなのか？

可能性として考えられるのは修験道です。というのも、悪党のなかに山伏がいたのです。

鎌倉・南北朝時代、播磨国の地誌である『峯相記《みねあいき》』には、異形《いぎょう》の人々のことが書かれています。

柿色の着衣に女物の六方笠《ろっぽうがさ》を着け、柄《つか》や鞘《さや》の剥《は》げた太刀などをもって乱暴、強盗などをする人がいて、鎧《よろい》のような兵具を持たず、戦いに加わったりしていました。やがて集団となり、金銀をちりばめた派手な鎧などを身に着けて異彩を放ったそうです。

目立たない出で立ちをしていたという忍者とは縁遠い感がありますが、山伏がこうした異形の姿で悪党化していくことを記載した文献（栄朝上人による『沙石集』）があることが、三重大学人文学部の山田雄司教授の本で紹介されています。

さらに、11世紀末に現在の名張市で修験道との関連を示す出来事があったことや、伊賀国黒田荘で金峯山の多くの山伏が悪党化していた記録もあります。忍術には修験道に由来するものが多く含まれていて、忍者と修験道・山伏を結びつける貴重な資料と考えられています。

修験道とは、日本古来の山岳信仰のひとつです。厳しい山岳における修行によって罪や穢《けが》れを捨て、肉体と魂を浄化し、新たに生まれ変わることによって、人並み外れた能力を体得し、衆生を救済するという実践的な宗教です。

修行に励む者を修験者と呼び、山に寝起きすることから山伏とも呼ばれました。山駆けといって、険しい山を走ったり、歩き通す修行、険しい岩を登る修行があります。まさに命懸けの修行を行っていたのです。

山での修行は神道、呪術は密教、さらには道教、陰陽道などのさまざまな思想や宗教の影響を受けています。道場となる霊山は、吉野、熊野をはじめ全国にあり、神楽、田楽などの芸能、華道、蕎麦、薬など日本の文化に幅広く強い影響を与えているといわれています。

忍術も例外ではなく、その形としての代表が忍者のポーズとして有名な「印」です。ほかに思想的影響も相当に大きいと思われます。

悪党とか異形と呼ばれ、強盗などの悪いことをした人がいたとしても、皆がそうであるとはいえません。単なる強盗団ならば、やがて駆逐《くちく》されていったでしょう。地域を治め、団結していく過程で優れた人たちがあらわれ、忍術の形成に関与したり、忍術の精神性を高めていったのだろうと思います。

忍術の熟成に適していた、伊賀・甲賀の地

あちこちに悪党があらわれ、忍術が発達しました。小田原で活躍した風間小太郎。上杉謙信、武田信玄に仕えた加藤段蔵。真田忍者として有名な唐沢

玄蕃《げんば》など、今も名が残っている有名な忍者は、全国各地にいます。中でも特に有名なのが、伊賀と甲賀の忍者。そこには、どんな背景があったのでしょうか？

伊賀は三重県の北西部、甲賀は滋賀県に位置しています。伊賀の忍者と甲賀の忍者は争うようなイメージがありますが、実際は甲伊一国とも呼ばれるように一体のもので、密接な婚姻関係もありました。

京都から遠くないので、識字率も高かったと想像されています。最新の文化や社会の情勢も得やすかったでしょう。都落ちをしてきた人もいたでしょうし、その人たちは最新の文化をもたらしたかもしれません。文献によると、忍術の中でも火術は当時最新のものだったようです。

伊賀と甲賀は周囲を山で囲まれ、有力な土豪がたくさんの城や砦を築いていたので、ひとつの大きな戦国大名にはなりませんでした。それぞれが独立心を持ちながらも弱小であるがゆえに、血縁関係を結びながら強い地域連合を形成し、自治を行っていたのです。他国の勢力が侵入してくれば一致団結して守るという掟があり、こうした結びつきや実戦の中で、忍術が発展していったと考えられます。

自らが弱小ですから、侵入してくる相手の情報を得ることが重要です。戦わないで守ることを考え、戦うとしても損害を最小限にするように手を尽く

したのでしょう。侵入されれば地の利を生かして、さまざまな意表を突く戦法でゲリラ戦に持ち込むことは必然といえます。山に囲まれていることで中の情報が外へ漏れにくく、山中で鍛錬できました。伊賀と甲賀ではこうした状況の中で忍術はさらに発展。その中で修験道の影響を強く受けた人、あるいは山伏自身が忍者となったのではないでしょうか。

忍者はいかに繁栄し、衰退していったのか

戦国時代には各大名が忍者を使っていた記録がたくさんあります。忍者が最も活躍した時代です。それらの忍者が伊賀あるいは甲賀の人であったのか、各地域で忍術が発達していたのかは定かではありませんが、伊賀や甲賀の人が傭兵として働いていたことを示す文書がありますし、各地域にもいたのでしょう。私見ですが、忍者と密接な関係が考えられる修験道は、山岳を介した独自のネットワークを持っていて、南朝の支援や源義経の庇護にもかかわ

っていたようです。どこかでつながっていたのでしょう。

忍者を使う武将は、忍者の裏切りを防ぐために妻子を人質にとることも多かったのですが、これを逆手にとって、偽物の妻子を差し出したこともありました。一族の中で異なる武将に仕えたときに情報交換をする決まりもあったそうです。つまり、主君への忠義よりも一族の掟を優先していたのかもしれません。

やがて、織田信長による天正伊賀の乱で甲伊一国、特に伊賀は根絶やしにされて、忍者の活躍する時代は終焉を迎えました。その後も、生きのびた一部の人は各藩に雇われたり、幕府に仕えたり、故郷に戻って農民になったりしました。日本全国に残る伊賀町や甲賀町という地名は、伊賀者や甲賀者が住んだ名残です。なお、忍者の多くは軽卒という武士ではない身分で、一部は下級武士だったようです。

江戸時代になると、幕府は諸大名に城絵図などの資料の提供を命じ、忍者が調査する必要は少なくなりました。大目付等の役職も置かれ、参勤交代や役務を大名に命じて謀反が起こる素地をなくしていましたので、忍者の仕事が激減しました。

ただし、伊賀者・甲賀者の中には鉄砲隊に編成された人も含めて江戸城や将軍の警護をしたり、隠密として活動した人もいたようです。江戸城の警護では大奥の見張り役もありましたが、大奥女中の雪合戦では境界線の役割をさせられ、女中が雪玉を伊賀者らに当てて笑いものにしたようです。哀しい光景です。しかし、修行を積んだ忍者は意外と意に介さなかったのかもしれません。

やがて、隠密は伊賀者・甲賀者以外が担うようになりました。8代将軍吉宗は紀州徳川家から将軍職に就いたため周りを信用できず、将軍直属の情報機関として御庭番を置きました。テレビドラマなどでは、幕府の隠密として忍者のような活動が描かれています。紀州藩で「薬込役《くすりごめやく》」という鉄砲の薬込役であった人が後に御庭番となりましたが、忍術を学んだ可能性はありますが、伊賀者・甲賀者の忍者ではないようです。

赤穂事件では浅野内匠頭《あさのたくみのかみ》の切腹後、周囲の岡山藩や龍野藩の忍者が赤穂の動向を探ったという記録がありますが、江戸時代は太平の世の中で目立った活躍の場はありませんでした。

幕末の動乱の中で最期の活躍の場が訪れました。長州藩が忍者を使って江戸城の詳細図や御台場図などの機密書類を入手したことがわかっていますし、横浜の異人館の探索など、いくつかの藩が忍者を使っていたことがわかっています。幕府側も米国軍艦上で行われた日米修好通商条約締結の祝賀会に忍者を潜入させています。ということは、忍術は陰ながら脈々と継承されていたということになります。

忍びメモ① 秘術のはずが、なぜ忍術書が編纂されたか

江戸時代になって忍者の活躍の場が失われたからでしょうか、相次いで秘伝書が作られました。後世へ向けて残そうとしたとも、就職活動のため甲賀が将軍に献上したともいわれています。

双璧は『万川集海』と『正忍記《しょうにんき》』です。

『万川集海』は最大の忍術伝書で、伊賀四十五流と甲賀四流、合わせて四十九流の忍術をまとめたとされています。「万の川が流れを集めて海になる」という意味のタイトルです。甲賀忍者の藤林佐武次保武《ふじばやしさむじやすたけ》によるものと書かれていますが、実際には藤林は伊賀の忍者と考えられ、天正伊賀の乱の生き残りのようです。

もうひとつの『正忍記』は、紀州藩の軍学者、名取三十郎正澄《なとりさんじゅうろうまさずみ》

（藤《ふじの》一水子《いっすいし》正武《まさたけ》）によって著されました。禅の教義を含み、一つひとつの術の中に奥義を内包していて、格調高い書物だといわれます。

こうした忍術書で今私たちは忍者の研究ができるのです。ただし、自らの歴史は美しく、正統性をもたせようとして、多少の虚飾もあります。それをきっちりと読み解いていくことが、これからの忍者研究に期待されていることです。

最後の忍者が語る忍者の定義

忍者は秘密に活動するため記録があまり残っていません。そこで、忍者は実際にはいなかったという忍者虚構論さえあります。見よう見まねや口伝で技は伝承され、秘密を守るためマニュアルのようなものがないのも当然です。江戸時代になって忍術書がまとめられ、技を後世に残そうとしたのでしょうが、研究によって虚飾があることが明らかになっているので、忍者そのものの存在が疑われてしまうのです。

しかし、実際に忍者はいました。

現在、甲賀流の忍術を受け継ぐ川上仁一氏の忍者の定義は次のようなものです。

「忍術とは、四季があり複雑な地形をした日本の国土や、人と自然を一体と考える日本独特の風土や文化・心性のなかで、長い時間をかけて醸成されてきたものである。武術のイメージが先行しがちだが、もっと広く、諜報、謀略、奇襲を行うための軍用技術だ。今は昔日よりはるかに進歩した同様の軍事技術が存在するが、忍術はあくまでも日本の古典的な軍事技術として認識すべきで、現代のスパイや特殊部隊のようなものとはまったく異なる。そして、忍者とは、忍術を正しい目的（大義）をもって使う者、かつ、それを職業としている者である。忍術をいくら体得していても、それを使って職務を遂行していなければ、忍者ではない」

こう考えると川上氏は甲賀流の継承者ではあるが、職業としていないため定義上忍者ではなく、現代社会に忍者は不要だとも言います。弟子はとっても、幼少時からの修行が必要な本物の忍者、甲賀伴党の後継者を育てる予定はないそうです。

一方で、川上氏は忍者学の確立を目指しています。私も、忍者とその精神はむしろ現代社会に必要ではないかと思います。そして、川上氏がおられる今しか研究の機会はないと思います。その一助になることを願っています。

大マジメに忍者研究

三重大学では学問として忍者研究をしていますし、もっと発展させようと着々と準備を進めていますが、その学術的意義を理解している人は学内でさえ多くはありません。その原因として、近現代に作られた忍者像の影響が大きく、忍者というと娯楽としてのイメージが強いことがあります。

最後の忍者といわれる川上仁一氏を社会連携センター特任教授に迎え、活発に活動しています。甲賀には室町時代から「五十三家」と呼ばれる忍者を構成する土豪の名門があり、この中の伴《ばん》一族がまとめた忍術「伴家忍之伝《ばんけしのびのでん》」を川上氏は継承し、18歳で甲賀伴党二十一代宗師家となった人です。いわば免許皆伝です。三重県伊賀市にある伊賀流忍者博物館の名誉館長でもあります。ちなみに、前述のように、伊賀流と甲賀流は対立関係にあるように見られがちですが、実際は異名同流で交流がありました。

平成28年に日本科学未来館などで忍者に関する展示会"The NINJA-忍者ってナンジャ!?"が開催されました。私も医学的側面を担当しました。開催された展示会では、子供から大人までの入場者を対象にしていて展示方法が難しかったこともありますが、私の研究成果の意義を十分に伝えきれない内容となっていて、研究者本人としては大変残念でした。

こうなれば、あとは研究成果を英語論文にして後世に残すことと、さらに研究を深めることを考えていましたが、本書で一般向けに忍者の心を紹介できる機会に恵まれました。

現代人を救うカギとなる忍者の生き方

忍者は目立たずに敵の情報を集め、生きて帰って報告することが第一の仕事ですので、そのためにさまざまな技を持っていました。精神科医である私からみると大変興味深いものがたくさんあります。

例えば、情報を得るには忍び込むよりも、敵地の人とコミュニケーションをとることが有効だと考えていたこと。先述のように、一般にイメージ付けされているような装束を身に着けていませんし、手裏剣も実際にはほとんど使っていませんでした。

実像はまったく違っていて、戦いを避け、逃げるのです。得た情報を持ち帰るため、生きて、生きて、生き抜く、これが鉄則でした。そして、最も驚くべきは、深い精神性なのです。これこそ、病める現代人にとって大いに役に立つと思っています。

忍者は何歳まで現役でいられたか

島原の乱で幕府側の総大将であった老中松平信綱は、甲賀忍者10名を忍び同心として雇っています。40代が2名、50歳以上が5名いて、最高齢は63歳でした。現代ならば70代後半以上に相当します。

忍者の平均寿命は高く、生涯現役の人も多かったようです。

医学博士で古武術や忍者に詳しい中島篤巳氏は、忍術を自立した「総合生活術」ととらえました。忍者が行っていることは有酸素運動をして腹八分目、栄養バランスや漢方薬の使用と、当時でも健康レベルがずば抜けていました。

高齢になったり、けがをして身体が思うように動かせなくなると忍者は現役から引退になりますが、後方支援や後進の指導など、さまざまな仕事を続けながら、忍者の郷で暮らしていたと考えられています。

生涯現役でいたいと願う現代社会でも、忍者の生き方は参考になります。

忍びメモ② 忍者からNINJAへ

忍者というと何を想像しますか？

私が子供の頃には、司馬遼太郎の『梟の城』、村山知義の『忍びの者』、山田風太郎の『忍法全集』などの忍者小説が出版され、テレビでは『忍びの者』や『隠密剣士』が大ヒットしていました。黒装束で手裏剣を使う、超人的な人物が忍者でした。

江戸時代の芸能で忍者が描かれるようになり、当初は石川五右衛門に代表されるように、忍び入って、大切なものを盗むというイメージでした。次第に妖術の影響を受け、巻物を加えて印を結ぶと消えるとか、ガマに変身する忍者像が生まれ、江戸時代後期の歌舞伎や浮世絵では黒装束で手裏剣を使う忍者像が形成されました。

明治になり従来型の忍者はほぼ消滅し、新たな忍者が登場します。明治44

年から大正13年まで196篇を出版した立川文庫の影響が大きいようです。これは講談を文庫本にしたもので、その中に「真田幸村」、「猿飛佐助」、「霧隠才蔵」などがあり、話をおもしろくするために虚飾が加わり、江戸時代後期の忍者像を発展させていきました。

現在では、漫画で忍者を知る人が多いのでしょうか。『NARUTO―ナルト―』、『落第忍者乱太郎』、『忍者ハットリくん』、『仮面の忍者 赤影』、『カムイ伝』、『サスケ』など、漫画やゲーム、映画へと大ブームを巻き起こしています。

中高年では日米の映画、特にショー・コスギ主演の『Enter the Ninja』をはじめとする一連の映画の影響が大きいようです。高齢の人では市川雷蔵の映画が印象深いでしょうか。

忍者は日本人だけではありません。外国人の興味も引くようです。私の実験の被験者にもなって頂いた浮田半蔵こと、浮田和貴氏が率いる忍者パフォーマンス集団の阿修羅のショーには大勢の外国人が来ています。神秘性や、武術としての忍術に外国人は興味を引かれるようです。

「武士道と云ふは死ぬ事と見付けたり」で有名な葉隠に代表される、武士道もおもしろそうだけど、恰好が地味。対して、忍者装束は格好がよく、身に着けると忍者になったように感じるからでしょう。最近ではカラフルな忍者装束もあります。今や「ＮＩＮＪＡ」なのです。

ちなみに、忍者で有名な伊賀市では2月22日を忍者の日として、市役所も銀行もみんなカラフルな忍者装束を身に着けます。手裏剣投げの体験もあったりして、お祭りになっています。これはこれでよいことだと思います。

第一章

忍びの「精神力」

不屈の精神が生まれた背景に迫る

「忍」に隠された行動指針

日の丸のような赤い円の中に「忍」の一字をおいた図によって、忍者と忍術の根本精神をあらわすことがあります。秘伝書の中では「忍之大事」として載っています。

赤丸は太陽をあらわし、丸いことから「和」の象徴でもあります。太陽は自然の象徴ですが、宇宙の真理をもあらわしていると思われます。

忍者にとって太陽は特別な存在と意味を持っていたようです。川上氏は、赤丸は純真無垢な赤ん坊のような、混じりけのない心根の意味合いも含んでいると、述べています。

その太陽の中に「忍」がある、これが忍者の心の核心でしょう。「忍」は忍耐の忍ですが、単なる忍耐ではなく、その背景に太陽があります。自然や宇宙の真理を背景とした「忍」であり、「和」と表裏一体です。

言い換えると、ストレスフルな「忍」ではないですし、窮屈な「和」ではないということです。

川上氏は、「忍」には残忍の忍も含んでいると言っています。「忍」という字は〝刀を動かせば心臓を一刺し〟だというのです。いざとなれば、そうした面も持ち合わせているということですが、それが第一義的ではないことは言うまでもありません。覚悟をあらわしているのでしょう。

「忍」には刃で心を切る、という意味もあるともいわれます。これは禅の執着を捨てるという意味で後述の「放下着《ほうげちゃく》」を意味しています。さらに、先に紹介した「和」を実現するには忍耐が大事で、できるだけ争わないことも含まれるのでしょう。また、後で紹介する「不動心」にも通じ、鉄壁で動揺しないことを示すということが考えられます。

忍者は、盗賊や殺し屋とはまったく異なり、スパイや特殊部隊ともその心性においてまったく異なっているのです。日本人の「和」の心性が縄文時代の三内丸山遺跡にまでさかのぼることと同様に、共同体で生活するためには争わず忍耐する心性も養われたように思われます。まわりに配慮し、気を遣う心性もそうです。狭い国土で隣接する共同体同士はできるだけ争いを避けようとしたに違いありません。すると、情報収集が大事であり、争うにしても奇襲やかく乱が意味を持ってきます。「忍」もまた日本人的な心性を背景にしていると思われます。

忍者に求められた〝正心〟とは何か

一見すると、盗賊や殺し屋、スパイなどと同じに思われやすい忍者ですが、忍者の根本精神は「正心」であるともいわれます。忍術を誤って用いれば盗賊と同じであり、私利私欲のためではなく、大義のために忍術を行うべしとされています。

しかし、大義は絶対的な正義とはいえません。己の行為に疑問や迷いを持つこともあるかもしれません。そうした葛藤を抑圧するために「正心」があり、自らを正当化していた面は否定できません。

仮に悪い意図をもった雇い主や主君から、現代ならば組織的犯罪集団から絶対的な正義に反する命令を受けたらどうなのでしょうか。厳しい鍛錬を積み、背景に宇宙の真理を持つ忍者がマインドコントロールを受けることは考えにくいですし、自律的に判断をする、つまり命令には従わないのだろうと、個人的な期待も込めて、考えています。

『万川集海』には「正心」のための心得として、嘘をつかず、酒色欲を禁じるなどして普段から真面目な生活を送り、人から信用されるようにすることが大事だと書かれています。

川上氏によると、忍者の行動指針としていくつかのことがあったとのことです。ひとつは、花情竹性《かじょうちくしょう》というもので、花のように優しく、竹のように強くまっすぐな心根を持てというもの。

忍恥黙行《にんちもくぎょう》というものもあり、恥を恥と思わず、愚痴なく行動することです。さらに廉恥潔白として、恥を知り、正直を貫くことを指し、忍恥黙行などと合わせ、真面目なことが求められました。ほかにも無芸無名として、目立たず、能力を秘めること、陰徳謙譲《いんとくけんじょう》として、人知れず徳を施し、控え目に行動することもあります。

とにかく、「隠行之法《おんぎょうのほう》」といわれるように目立ってはいけないのですが、『万川集海』では「その功、天地造化の如し」と、目立たないことが天地の万物を創造し、育てるがごとき偉大なものであると述べています。

こうして忍者に求められるものはきわめて日本人的な真面目さであり、日本特有のものです。名を重んじる武士道とは基本の部分で違っています。武士道は家を守ることを重んじるのに対して、忍者はきわめて内省的であり、自らの使命を最優先に考えた強い意志があります。

このような生き方は、普通に考えればきわめてストレスフルです。しかし、自然の真理を背景にした世界観をもっていれば決してストレスフルではありません。むしろどんな状況も、自然なこととして受け止められる精神性を持っていたのではないかと思うのです。

いまの社会が窮屈だ、こんな生き方でいいのか。そう悩んでいる人は自分もこの自然の一部なのであり、使命を全うしている最中なのだと考えると、視野が広がり、心がラクになるのではないでしょうか。

屈しない精神を持つための心の拠り所

いいところを見せたい、成功したい、名をあげたい…。向上心は大事ですが、時には強すぎる上昇志向が自分を苦しめてしまうことも。こんなときにも忍者の考え方は心をしなやかにしてくれます。

忍者は「神貴佛敬之大事《しんきぶつきょうのだいじ》」として、神仏を崇め敬う心を大事としていました。といっても、忍者の神仏とは特定の宗教の神仏ではありません。ちなみに、忍術に強い影響を及ぼした修験道も神仏混交でした。

忍者の考えていた神とは大自然の真理・宇宙の真理であり、仏とは先祖のことなのです。先祖とともに森羅万象すべてに感謝する心を持てば、最高の助けになる。これが忍者の宗教心であり精神の根本だったのです。

日本にはもともと精霊信仰である古神道があり、太陽、山、岩、川などを畏敬してきました。その神域は重要で、境目が結界です。今でも節分に柊鰯《ひいらぎいわし》を飾るのは招く神と招かれざる神の選別のためですし、伊勢神宮で正月に売っている注連縄《しめなわ》には、柊の小枝が挿《さ》してあります。その由来を知る人はほとんどいませんが、形は残っていて、その精神もＤＮＡに刻み込まれていると思います。富士山を見たときの独特の感情もそうでしょう。

やがて仏教や道教と混交して生まれたのが修験道で、自然崇拝の本質は受け継がれ、修験者は山野をめぐり自然と一体になり、超自然的な力を獲得し、天下の平安と人々の安寧を得るために厳しい修行をしました。

修験道は呪術的要素を多くもっていて、忍術はそうした流れを汲み、自然を尊び、自然と一体になることを目指しているように、私は思います。

自分の名を残すことに躍起になる必要がなければ、本来やるべきことに力を注ぎ、厳しい環境にあっても穏やかに過ごしていけることでしょう。

日本人の心性「和」が、忍びの根本にあった

忍者というと、個人的には猿飛佐助と霧隠才蔵を思い浮かべます。滅び行くものに栄光あれ、と知恵と勇気を駆使して戦う真田十勇士です。ただし、真田氏は大阪方を本気で勝たせようとしていて、滅び行くものとは考えていなかったようです。圧倒的に少数の兵力ながら二度も徳川軍を破り、最期も家康にあと一歩にまで迫った真田の才覚と勇気を猿飛佐助と霧隠才蔵はあら

わしています。柴田錬三郎の『真田十勇士』を辻村ジュサブローが人形で表現したものが強く印象に残っています。もちろん、モデルはいたかもしれないにせよ、2人ともフィクションであることは承知しています。しかし、真田幸村の奮戦は事実です。あやかろうと幸村最期の地の安居神社のお守りを持っています。

忍者では、服部半蔵や百地三太夫の名も浮かびます。

彼らは時には悪役としてドラマや映画に登場します。そうしたとき配下の者がバタバタと切られることがあるのですが、実際にはあのような派手な殺陣をするのが忍者の実像ではありません。

忍術はできるだけ争いを避けるために使われるものです。それは極めて日本人的です。日本では、狩猟採集生活から四季に根ざした稲作を中心とした農耕定住生活に移行し、地域や血縁によるムラ社会が形成され、「和」をもとに協力して生活をしてきた歴史的背景があります。

かつて狩猟採集と思われていた縄文時代においても、三内丸山遺跡において栗や豆を栽培して定住していたことが近年明らかになり、共同体生活はかなり昔にまでさかのぼることができるようで、それだけ長い間に日本人のDNAに「和」の心性が刻み込まれているようです。

忍者は仲間が悪いことをしたとき、意見をして心がよくなるようにして、追放をしなかったそうです。和をもって貴しと為す、という聖徳太子の言葉は、日本人がもつ根本的精神です。

〈精神医学からみる〉忍者に学ぶ心を強くするコツ

「和」の精神で自分を追い込まないために

和を大事にする日本人の心性は、秩序、組織、家などに固着することによって精神の安定を保ちます。これがかつての猛烈サラリーマンや現代のブラック企業を生んだりもしました。会社にくっついてひとつの秩序を形成し、会社のために徹底して尽くしてしまうのです。

こうした性格はうつ病親和性格と呼ばれるもので、弊害として、その名の通り、自分を犠牲にしてでも組織などに尽くし、やがて疲弊してうつ病になりやすいことのほかに、和を乱す主張を控え、間違った考えに強迫的に固着することがあります。和はあいまいさを含んでしまうリスクがあるのです（和による笑顔がしばしば外国人に間違ったシグナルとなるのはご存知の通りでしょう）。

日本人は固着したものを非常に真面目に必死になって擁護し、煮詰まると論理を超えた精神論に支配されがちです。ある意味でのずるさ、したたかさを欠いています。固着のために、情報から論理的に判断できないのです。太平洋戦争の開戦と終戦がその典型で、工業力の差から負けることを示す資料をきちんと作ってあり、多くの指導者がそれを知りながら、やらないと言い出せずに威勢のよい暴論と論理ではない何とかなるだろう論、大和魂で打ち勝つという精神論に流され、開戦に至り、さらには終わる決断が遅れました。遅くともレイテ沖海戦で終わるべきでした。日露戦争を終結させた児玉源太郎のような人物がいませんでした。こうしたことは組織や個人でしばしばみられます。

忍者はきわめて日本的な「和」の精神を持っていましたが、暴論や何とかなるだろう論、無謀な精神論に流されない冷静さを持っていたのではないかと思うのです。なぜそれができるといえるのか。確かな情報と分析によって的確な判断をして、生き抜く方法を考え、実行していたと思うからです。

ある意味、和だけでは生き残れないことを知っていたのでしょう。

放下着――捨ててしまえ！という考え

こだわりや慣習など、守らなければならないと自分に縛りをかけてつらいことはありませんか？

こんなとき、忍者は「放下着《ほうげちゃく》」という禅の考え方をとりいれていました。放下とは捨てるという意味で、着は強調の「！」に相当し、「捨ててしまえ！」ということです。何を捨てるかというと、**物事への執着心**です。物事への執着心はあきらめない心にもなり、あるときには目標達成にとって重要な心のありようですが、裏返せばストレスでもあります。

そこで捨てることも必要なのです。忍者は生き抜くことが最優先ですから、何かにこだわっていてはいけないのです。

これは私たちも、ぜひ覚えておきたい考え方です。命懸けの目標ではないのなら、思い切って捨てて生きるべきです。命を懸けることならば私は何も言いません。

忍者にとって放下着にはもうひとつ意味があるようです。

それは、通俗的な価値観を捨てるということです。

既成概念では人をだますことは悪ですが、忍者としては善であり得るのです。これは忍者として確固とした背景を持ち、それによる自己の価値観を持っているからです。

社会で生きるからには通俗的価値観は必要ですが、すべてをそれに合わせる必要はないのです。通俗的価値観での勝ち組が自己実現での勝利ならば問題はありませんが、必ず負け組が存在します。しかし、世間的には負け組であったとしても、自己実現で勝利であれば人生の勝利だと思います。

強靭な精神を手に入れる忍者の修行

忍者は幼い頃から究極の苦痛を耐えるという修行をしていました。やはり、日々の修行が強靭な精神を作り上げていったといっても過言ではありません。基本の歩き方や呼吸法を教えられ、基本ができるとあらゆることに耐える修行をしました。不眠不休はまだ軽いほうで、切腹して仮死状態になることもあったようです。便意を耐える、男性の急所を自分で叩くといったものもあったと、川上氏は語っています。

そうした現代ではあり得ない究極の経験をしながら、とにかく五感を研ぎ澄まし、集中することが修行であったのではないかと思います。単なる筋トレではなく、我慢比べでもなく、究極の経験をしながら五感を鋭くするということがかなり意味を持っているのです。

なぜなら、極限の状況は宇宙の真理に通じ、精神を鍛える、冷静さを鍛えるということにつながるからです。川のせせらぎ、鳥の鳴き声などを究極の体験の中で聞いたのでしょう。

忍者は基本的には世襲なので、忍者の家に生まれれば忍者になりました。素質も影響はするでしょうが、歌舞伎の家元のように自我が成長する前に基本を叩き込まれますので、優れた感性を持って生まれなくても次第に育まれたのではないでしょうか。忍者になることに疑問を感じることはおそらくなかったと思います。ただし、年齢が進むにつれて修行は次第に厳しくなり、適性を選んでいたともいわれていて、素質のない人に命懸けの重要な任務をさせることはなかったようです。父親は任務で不在がちでしょうから一線を退いた祖父や一族の者が教えたと思われます。

忍者に必要な条件としては、剛健かつ敏捷《びんしょう》な身体、緻密《ちみつ》な思考ができる頭脳の明晰《めいせき》さ、忍耐心が挙げられます。天正伊賀の乱の戦記によると、午前4時頃に起床し、午前中は家業として畑仕事などを行い、午後から日暮れまでは武芸や兵法、特に忍術の鍛錬を行っていました。しかし、食事や日常生活すべてが修行であったようです。生き抜くための基本的な衣食住と究極の体験をしていたのです。

〈精神医学からみる〉忍者に学ぶ心を強くするコツ

限界を知ることによって生まれる余裕

究極の経験をすると、何をどこまでやれるのかわかっていますので、実践において不安はかなり軽減されます。自分の限界を知っていると、できることと、できないことを判断でき、冷静でいられます。通常の任務は究極の経験よりも軽いものでしょうし、生き抜くための知識と実践経験をもっているからです。

現代人が究極の経験をすることは危険ですが、精神医学的には自分の限界を知ることは無意味なエネルギーの消耗を防ぎ、有意義です。消極的になるということではなく、できる範囲のことでベストを尽くすことが最良であるという考え方です。

頑張るなとは言いませんし、頑張って頂きたいのですが、一般の人が究極の経験をすることは通常できません。いろいろな経験を積んで自分を知ることが大切になってくるのでしょう。

忍術書である、『用間加條伝目口義《ようかんかじょうでんもくこうぎ》』には「ワレヲシルヘシ、此七字ノ大事ヲ常ニ思フヘシ」とあります。この文の前に、後で解説する七情のことが書かれていて、「ワレヲシルヘシ」という7文字にも通じるというのです。自分を知ることが何においても原点でしょう。

精神科を訪れる人には自分の限界を知らない人が多くいます。あれにもこれにも期待に応えようとして、常に１２０％で頑張る人が多くいます。どこかで休まないと、もつわけがありません。

私は、必ず余力を残しておくことをよくすすめています。仕事が立て込んで来たら、まず優先順位を付けて、優先度が高いことは頑張ってもいいですが、優先度の低いものはやらないか、やっても60点で合格とすることです。

私ももともとは負けん気が強く、けっこう几帳面な面があって、すべてに100点とか90点とかを目指したこともありますが、それでは多過ぎる仕事をこなせるわけがありません。語弊がありますが、あるときから、どうでもよいと思うことは最低合格点でクリアするようにしています。野球の先発投手だって全球を全力投球していては役目を果たせません。

余力があるかどうかの目安は、仕事がどんどんたまっていないか、眠れているかである程度自己判断できます。仕事がはけなければ援助を求めるべきです。これが日本人にはなかなかできません。後で紹介するコミュニケーション術が重要になってきます。周りや上司も配慮するべきでしょう。とにかく、自分の心身の状態に素直に耳を傾けるべきです。

私は肩こりの悪化が黄信号で、限界が近いというサインです。

ここ一番で結果を出すために「三病」を捨てる

忍術書の『万川集海』には、恐れ、侮《あなど》り、考えすぎは忍者の三病だと書かれていて、恐れは臆病者が、侮りは慢心者が、考えすぎは頭のいい者が陥りやすいとされています。

恐れは不安であり、最も重要ですので、後で項をあらためて解説します。

侮りは相手についてある程度の情報を持っているときに起こります。相手を軽くみると思わぬ反撃をされることがあり、油断を戒めています。「百里を行くものは九十里を半ばとす」として、最後まで気を抜かないことを大事にしています。先方も必死になれば、うっちゃりもありますから、隙を作ってはならないのです。忍者の三禁として、酒、女、欲を挙げていて、油断や相手につけいる隙を与えないように戒めています。

戦において侮っていても、実際に相手よりも戦力がはるかに上であれば勝てますが、情報が十分ではなく、ただ優位だという情報だけでは思わぬ足をすくわれたり、必要のない損害を出すことにもなります。必ずしも侮りだけではないかもしれませんが、有名なのは桶狭間の合戦です。織田勢はせいぜい3千人、対する今川勢は2万5千人といわれています。雨という条件に加え、織田方は今川の本陣の位置について正確な情報を得ていたといわれています。やはり今川方の情報不足による侮りでしょう。

侮りによる失敗は、相手をよく知ることで克服できるのです。勝つときには正しい情報に基づいて十分に準備をした上で、さらりときれいに勝つべきです。

〈精神医学からみる〉忍者に学ぶ心を強くするコツ

考え過ぎで生まれる、失敗を導くパターンを捨てる

考え過ぎには認知のゆがみといわれるものとマイナス思考があります。

認知のゆがみとしては、次のようなものがあります。

①すべき思考…必要以上に自分にプレッシャーをかける、例えば、兄が東大に入ったので自分も入らねばならない。

②全か無か思考…少しでもミスをすると失敗として全否定、白黒つけないと気がすまず、非効率なまでに完璧を求める。

③過度の一般化…ひとつのミスから何をやってもダメと考える。

④拡大解釈と過小評価…自分がしてしまった失敗など、都合の悪いことは大きく、反対によくできていることは小さく考える。

マイナス思考とは、なんでもないことや、むしろよいことをマイナスに考えることで、代表的なものに次のようなものがあります。

①感情的きめつけ…証拠もないのにネガティブな結論を引き出しやすいこと。例えば、恋人から1日連絡がないことを、嫌われたと思いこむ。

②選択的注目（こころの色眼鏡）…良いこともたくさん起こっているのに、ささいなネガティブなことに注意が向く。

③自己非難（個人化）…本来自分に関係のない出来事まで自分のせいに考えたり、原因を必要以上に自分に関連づけて、自分を責める。

④自分で実現してしまう予言…否定的な予測をして行動を制限し、その結果失敗する。そうして、否定的な予測をますます信じ込むという悪循環。例えば、誰も声をかけてくれないだろうと引っこみ思案になって、ますます声をかけてもらえなくなる。

認知のゆがみやマイナス思考は長年積み重ねた思考パターンです。出来事があると自動思考といって、すぐに頭に浮かぶ思考パターンを多くの人が持っています。さまざまな経験と持って生まれた性格によって形成されます。会社でミスをした、という出来事に対して、自分はだめなんだ、という自動思考のパターンを持っていると、ミスをすると過度に凹むことになります。すると負の連鎖を繰り返しがちで、次第に気分がうつ的になっていくのです。

こうした思考パターンには、出来事に対して他の考え方はないのかを考え、こびりついた思考パターンを変えていきます。教えられるのではなく、自分で見つけることが大事です。ミスはしたけれど前よりはマシになっているなどの気づきによって、前向きになれるように変えていくわけです。

忍者は幼い頃からの修行の中で適応的、つまり前向きな思考パターンを身に付けていったのでしょう。

敵を撹乱させる「虚実転換の術」

虚実転換は忍術の重要な技で、総じて生き抜くために逃げる技です。ウソとホントを入れ替える、有るものを無いように見せる、無いものを有るように見せる、大きなものを小さく、小さいものを大きく見せるなどです。

そもそも視覚の情報は脳が記憶や知識と照合して判断をしていますので、そのどこかに対して技をかけるということになります。その実態はよくわかりませんが、マジック、イリュージョン、錯覚の利用、催眠術が含まれていたのではないかと思います。マジックやイリュージョンのタネを知りませんので深くは説明できませんが、錯覚もあるのでしょう。

武術の奥義には催眠術があるともいわれます。一瞬相手をフリーズさせる技があるといわれていますが、内容はよくわかりません。催眠は意識を狭窄《きょうさく》させることで起こりますので、何かに関心を集中させ、誘導するのでしょう。

同じ人が何人もいるように見せる**「分身の術」**、相手が襲いかかってきたときに瞬時にウサギや丸太に入れ替わる**「変わり身の術」**の真偽もよくわかりませんが、実際に存在する技であるのならば、催眠や錯覚、マジック、イリュージョンを利用したのでしょう。

中島篤巳氏の本に興味深いことが掲載されています。戦国時代の忍者で海音寺潮五郎の小説にも登場する加藤段蔵の**「呑牛術《どんぎゅう》」**です。群衆の前で「この牛を飲み込んで御覧にいれる」と言って、観衆に幻術をかけ、牛を飲み込んで見せたのですが、松の木の上から見ていた子供には術がかからず、牛の背に乗っているだけだと見破られてしまいました。段蔵はあわてず、掌中から夕顔の花を咲かせ、刀で夕顔のへたを切ると子供のくびが飛んだというのです。

これについて、中島氏は集団催眠として解説しています。母親の「痛いの痛いの飛んでけ」で子供がけろりと治るのもある種の催眠で、訓練を積めば加藤段蔵の話もあり得ると思いますが、加藤自身が実在かどうかも含めてこの逸話の真偽は不明です。

逃げ場がないときほど巧妙に「逃げる」

逃げる術を遁走術《とんそう》と呼び、「五遁三十法」と分類されていますが、正式な術書がなく、後世になってからの分類のようです。

五遁は、水遁《すいとん》、金遁《きんとん》、土遁《どとん》、火遁《かとん》、木遁《もくとん》をあらわし、宇宙を構成する5つのものを指していて、要するにその場のあらゆるものを使い、知力、体力、演技力を駆使して逃げるという意味です。三十法とは、天遁、地遁、人遁《じんとん》のそれぞれ10の方法を指します。天遁とは自然現象を使うもので、西日を背に立つなどです。地遁とは地上にある天然物を使い、人遁とは人や動物を使うもので、別人に化けたりすることです。その場での機転ですから、挙げれば切りがありません。

忍者は当時では最先端技術の火薬の製法に精通していて、火薬で煙幕を発生させ、相手を驚かせたり、ワラに火をつけたりして相手の気をそらせることもしたようです。**「火遁の術」**といわれるものです。まったくの私見ですが、火薬をうまく使い、先に述べた西日の利用などの遁走術を使えば、煙が出てドロンと消えることも可能ではないかと思います。忍者の火術は相当なもので、鉄釘を入れた手榴弾や地雷のようなものまであったようです。

遁走術をいくつか見てみましょう。

人の集中力が一瞬途切れることを狙って、爪楊枝を飛ばして、相手が気を取られた瞬間に逃げる**「楊枝隠れ」**、相手の目の前で扇を開く**「扇子隠れ」**というものがあり、もっとも単純で意表をついていますが、瞬間を利用しますので俊敏さが要ります。

「水遁の術」といって、水を利用して逃げることも行いました。忍者は水泳や潜水の訓練をしていて、川や掘に飛び込み、水中から竹筒を出して、息継ぎに使って長時間潜ることが有名です。忍者の刀は反りがなく、鞘《さや》もまっすぐなので、これを息継ぎの筒に使ったといわれています。これが本当かどうかはよくわかりません。水蜘蛛という水の上を歩く道具も有名ですが、川上氏によると、たしかに『万川集海』には載っていますが、鼻緒がないので、実際はボートや浮き輪のように使ったかもしれず、実態はわからないようです。池に大きめの石を投げて追手に水に潜ったと思わせて別方向に逃れる、ということも伝えられています。

「金遁の術」として、白刃を閃かせて目くらましをしたり、半鐘を叩いて注意をひいたり、金銭をばらまいて、追手が拾っている間に逃れる術などが本には書かれていますが、映画やドラマには使えても真偽はわかりません。

錯覚を応用した忍術として、死んだふりをする**「狸隠れ」**、薄暗いところでうつ伏せになり石に見せる**「鶉隠れ」**《うずらがく》などがあります。鶉隠れでは、人は顔で人と認識することから顔を隠し、動かなければ物と認識する脳の働きを利用しています。身体を丸くする余裕がないときには物陰に潜んで着ているものの袖で顔を隠す**「観音隠れ」**、木の葉に隠れる**「木の葉隠れ」**もあります。

「木の葉隠れ」は広義には家の影や人ごみに紛れることも含みます。**「土遁の術」**として、土地の凹み、低地、岩石の陰などに隠れて、大地の一部と化す隠れ身の術もあります。

逃げているのに敵に化けて、くせ者がいるぞ、と言うなどして、追手側になったり、まるで鬼ごっこのように逃げるふりをして逆戻りして潜入したり、逃げずに止まったりする**「逃止術」**など、意表をつく逃げ方もあります。

虚実転換の術の多くには興味をそそる名前が付いています。一般の人がとても不思議に感じるような特別な技のような感じがしますが、多くは人の脳の働きを逆に利用した、ある意味科学的なものです。

〈精神医学からみる〉忍者に学ぶ心を強くするコツ

背水の陣というときは「虚実転換の術」を

あらゆる手段を使って、とにかく生きのびるという精神は大いに評価し、身につけるとよいと思います。ただ、基本的にだます方法ですから、こういった本で具体的に言及するのはやめておきましょう。

実生活において、ライバルでもある友達に、ぜんぜん勉強してないと言っておいて陰で必死に勉強して出し抜くとか、陰でせっせとゴルフの練習をしておいて出し抜くとか、下世話にはよくあることです。

私が学ぶべきと思うのは、大を小に、小を大にとすることです。先に述べましたように、マイナス思考ではよいことを小さく、悪いことを大きく考えます。他者に対しての応用ではなく、自分の心の中での応用がおすすめです。たとえば、追い詰められているように感じるとき、見方を変えればトップランナーであることがあります。心の中で虚実転換をすれば前向きになるでしょう。うまくいかないように思えるとき、ぜひこの忍術を使ってみてください。

「負けない心」をつくるには迷いを捨てる

『正忍記』の名文があります。

「死中に活あり、活中に死あり。生死の両剣は我を離るるの肝要なり。〝空蝉の、もぬけの空と身は成りて、我もあらばこそ、物おじはせめ。〟我を離れざるが故に物事に騒ぎ色めくなり」

死と背中合わせの任務を行う忍者は心を鍛え、不安を克服していると紹介してきましたが、やはり不安から完全には逃れることはできませんでした。

そこで「生死のことは忘れることが大事である、そうすれば死中に活を求めることができる」と言っているのです。忍者もそうなんだと少し安心できるのではないでしょうか。

「やるだけのことはやって、後のことは心の中で、そっと心配しておれば良いではないか、どうせなるようにしかならないよ」という勝海舟の言葉があります。結局は同じことを言っていると思います。人は不安からは逃れられません。でも、軽くすることはできるのです。そして最後はうまくいくと信ずることでしょう。

不安がもたげると迅速に動けなくなり、忍者では死の危険があるのです。一般の人ならば力を発揮できないということです。私も、伊勢神宮に、そして夢殿の救世観音様にお願いをし、東京・原宿の東郷神社の勝守を持ち歩いています。

努力しなければ何事もうまくいくはずはありませんが、不安がっていてもうまくいきません。やると決めたことは迷いを捨ててやるだけですが、人間の心は弱いもの。少しの幸運を祈るといいのではないでしょうか。

第二章

忍びの「心理戦術」

任務遂行の鍵を握る、
思い通りに人を動かす力

相手の動きを操る「五車の術」

「軍法侍用集《ぐんぽうじようしゅう》」という軍学書に、忍者に適した人として、知恵のある人、記憶力のある人、コミュニケーション能力に秀でた人、この3つが重要で、これがなければ忍びは成り立たないと書いてあります。

身体能力ではないのです。いろんな状況が起こり得ますので、それに適切に対応できる知恵がまず必要ということでしょう。

情報を得るには忍び込むリスクよりも、敵地の人とコミュニケーションをとることが有効です。早耳とか地獄耳とか言われる人がいます。そういう人は日頃から情報のネットワークをもっています。

忍者もそうしたネットワーク作りの技**「蜘蛛の伝」**を持っていて、表情から人の心を読み、取り入るツボを押さえて仲良くなる技を持っていました。

リアルな人間関係です。欲が強い人ならば欲を利用してつけ入ることもできますし、操ることも容易です。悲しみやすい人ならば同情を誘うような接し方をすれば関係をつくれますし、味方にもできます。怒りっぽい人ならば、その訳を分析すれば関係作りができますし、たきつければ平常心を失わせ、利用できます。

このとき、忍者は**「五車の術」**という技をつかって思い通りに人を動かします。

迷信などを広めて恐怖心をあおり、敵の戦意を消失させる**「恐車の術」**、相手をほめそやしてご機嫌を取り、隙を狙う**「喜車の術」**、わざと相手を怒らせることで動揺を誘い、隙をつく**「怒車の術」**、相手の羨望心を誘い、羨ましがらせることで寝返らせる**「楽車の術」**、相手の同情を誘う**「哀車の術」**です。

つねに自分の思い通りにことが運ぶばかりではありません。状況に甘んじるのではなく、相手をどう動かしたいのか、自分次第で変えることもできるのです。

その情報、嘘か真か？　忍者ならどうする？

情報を聞きだすための具体的なコミュニケーションの方法が、『正忍記』に書かれています。

まずは警戒心を目に見えない門にたとえて、**「無門の一関」**と呼び、他愛ない世間話から入って、警戒心を越えると書いてあります。そして、話の本題に入ったら相手を持ち上げます。機嫌がよくなった相手は饒舌《じょうぜつ》になります。

ここで、人に**「理を盡《つ》くさする習いの事」**によって、うつけ、利口ではないふりをして相手の自己顕示欲を刺激し、何も知らないやつだなあ、それはこういうことなんだよ、と話を聞き出すのです。

このときに重要な教えが**「人破らざるの習い」**で、決して相手を論破してはいけないと書かれています。プライドを傷つけては何も話さなくなるからです。さらには、**「敵になる」**という教えでは、相手が置かれている立場に立てば相手の心が読める、**「敵の心を取る」**では、自分が相手に仕掛けたときの相手の対応を予想する、**「敵に離れる」**として、自分は自分、相手は相手と切り離して相手の心理を考えるという方法が書かれています。

正忍記に**「問うに落ちず、語るに落ちる」**とあります。秘密や本心というものは、人に聞かれたときは用心して漏らさないものが、自分から話し出したときはついうっかり口をすべらせて真実を話してしまうものだということです。語るに漏れるとはいえ、自分のことも話して秘密を共有しないと親密さが増しません。

「その身に似合わぬ道理を言い、利口を語る者は必ず外より教えらるる」といって、その人らしくない利口なことを言えば助言者の存在を考える必要があります。

あらゆる物事には道理と利口、言い換えると真実と嘘があると『正忍記』

には書かれています。人の言うことには大なり小なり嘘があります。大きな嘘は快くおもしろいことが多いですが、内容に重みがなく、時と場合によって内容が異なってきます。一方、真実は、語る人の事情や感情によって多少の嘘で修飾されますが、誰に聞いてもおおよその内容は同じで、重みが感じられるものです。

情報があふれ、次々に伝わっていく現代においては、情報の真偽は大変難しくなっていて、詳細な分析をしないとわからないことも多くなっています。しかし、情報の精度はこうして見極めていかないと、自分が騙され、操作されてしまうのです。

戦力を増やす人付き合いの方法

忍者にとって人間関係は任務を全うするためにも、とても大切なものでした。相手とのやり取りについて、いくつかのテクニックが伝えられています。

たとえば**「風流で取り入る術」**。同じ趣味を持っていると自然と仲良くなることを利用します。釣り仲間、ゴルフ仲間など現代でもいろいろあります。私は酒をほとんど飲みませんので飲みニケーションはよくわかりませんが、医師としてまずいとはいえ愛煙家です。最近は肩身が狭いですが、喫煙場所で仲良くなった人が何人もいます。妙な仲間意識が芽生えるのです。恋の成就のために相手と同じ趣味を持とうとすることもよくあることです。

おだてて喜ばせ取り入るのは先述の「喜車の術」です。ほめられて悪い気がする人はいないでしょう。これは現代では職場の上司に必要なことかもしれません。上司の中にはどうして若い人の機嫌をとらないといけないのかと言う人もいますが、戦力にしたいのなら必要なことです。

「やってみせ、言って聞かせて、させてみせ、ほめてやらねば、人は動かじ。話し合い、耳を傾け、承認し、任せてやらねば、人は育たず。やっている、姿を感謝で見守って、信頼せねば、人は実らず」という山本五十六の言葉があります。日本人の欠点として、特に職場の新人に多くみられることとして、困っているのに声をあげられないことがあります。間違った和と忍です。最近では人間関係で傷つくことを恐れる人が多くいます。若い人が成長することが大事ですが、時間が必要ですので、まずは人を育てる立場の上司や先輩は、山本五十六の言葉を肝に銘じ、心がける必要があります。先述の「楽車の術」を使い、楽しいこと、日頃から笑いで話をしやすくしておく必要もあるでしょう。しかし、悩んでいる人に下手に笑いを使うと、何も理解してくれない人と思われますので、TPOを考えた接し方が必要です。

恋の駆け引きで、大好きなのに大嫌いと言うことはよくあることです。同じように、言葉の本当の意味は違うということは日常茶飯事。コミュニケーションをうまくとるためには、表面上の額面通りの言葉のやり取りではなく、言葉の本当の意味を後述の七情で理解したり、五欲で近づくことも重要なのです。

〈精神医学からみる〉忍者に学ぶ心を強くするコツ

人間関係を利用した忍者、人間関係を恐れる現代人

人間関係に悩んでいるときは、どうしてわかってくれないのだろう、自分に落ち度があるのではないか…など自分本位に考えがちです。もっと忍者のように、相手を観察して付き合い方を変えてみてもいいのかもしれません。

私はコミュニケーションがうまいほうではなかったのですが、職業柄、コミュニケーションをとらなければ仕事になりません。いつの間にか下手ではなくなり、まわりからはうまいと言われます。やはり経験です。

いろんな人とリアルに関係を持つことは現代人に必要だと思い、異分野の人と特に交流を持つように心がけています。困ったときに救いの手が差し伸べられることがありますし、いろんな発想のヒントが得られます。利害関係がないですからとにかくリフレッシュできます。

普通の人間関係でも、知っていても知らないふりをすることによって人間関係がうまくいくことがあります。人間関係が苦手な患者様の社会性を引き出そうとするとき、あえて知っていることでも知らないふりをして、相手にしゃべらせることはよくやっています。

コミュニケーション障害を呈する疾患のひとつとしてアスペルガー症候群などの自閉症スペクトラムがあります。言葉をそのまま受け取り、言葉の裏の意味を読めません。コミュニケーションとは単なる言葉のやり取りではなく、相手の表情や状況から言葉の意味を理解しないと成立しないことを示しています。

細部にこだわって全体がみえないとか、多くの音の中で聞き取りたい相手の声に集中できないなどの症状もあります。最近では、視覚や聴覚などの感覚情報が普通の人よりもはるかに強いため大変な混乱状態にあり、コミュニケーションの障害はその結果ではないかともいわれていて、環境や周囲の理解が重要といわれています。スーパーマーケットにいることがパチンコ屋にいるくらいにうるさく感じる人がいるそうです。

落ち着いた環境でわかりやすく話をすればコミュニケーションをとれますし、仕事もできます。変化や対人関係に弱いことを考慮すれば十分に戦力になり得る人がたくさんいます。

思い通りに他人を動かす人心掌握術「五欲・七情」

「本当はイヤだと言いたいけれど言えない」、「いつの間にか相手のペースに乗せられている」……。

つい他人の思惑にはまって苦しい思いをしてしまうのは、相手に心の弱みを握られているからです。

忍びの調略術《ちょうりゃくじゅつ》は、人間が持つ本質的に弱い心の部分に働きかけて、情報など必要なものを奪い取ったり、寝返らせることです。このため、**「五欲」「七**

情」が重要な手掛かりと考えられていました。

「五欲」、すなわち、食・色・もの・風流・名誉を利用することが代表的です。風流とは、趣味を指し、昔なら茶道具などです。今でも骨董に目のない人には欲を誘うものです。他にも、ゴルフや釣りなどに凝っていると、それが欲につながります。

人間の本能的欲求を利用するもので、現代のスパイでもよく使われます。特に、女性スパイが対象の男性を誘惑し、性的関係を利用して懐柔したり、これを相手の弱みとして脅迫し機密情報を要求する諜報活動はハニートラップと呼ばれます。忍者がこれを使ったのかどうかはわかりません。

ちなみに、多くの忍術書では色仕掛けの方法はあまり推奨されていません。「女」という漢字を分解すると「く」と「ノ」と「一」になるので女性の忍者を「くノ一《くのいち》」と呼びます。忍術書には、女性をあらかじめ女中として潜入させておき、その女性が取り寄せた長櫃《ながびつ》（荷物の入れ物）に入って忍者が潜入するといった補助的な役割が書かれています。好色の方は、女装した男性とか、昔は男色趣味があったことから美男、美少年が行うことがありました。
このようなことは論外としても、初対面の人に挨拶としてちょっとしたお菓子を渡すとか、人の欲を利用して接近をはかるのは日常的にもできることで、人との関係を築く上で適度であれば悪いことではないと思います。

忍者が任務をするうえで欠かせないのがコミュニケーション能力の高さです。忍者は人間の「七情」を丁寧に観察し、人の心を読んでいたといわれます。

「七情」とは、喜・怒・哀・楽・愛・悪・欲を指し、人の感情や気分です。三重大学人文学部の山田雄司教授によると、これらの内容は次のようになります。

喜(ヨロコフ)　生まれつき喜ぶところがある者がある。

怒(イカル)　生まれつき怒りっぽい者がある。
哀(カナシム)　生まれつき物事に悲観的になる者がある。
楽(タノシム)　何事にも楽しみを求める者がある。
愛(アイ)　生まれつき愛情深い者がある。
悪(ニクム)　生まれつき憎しみの強い者がある。
欲(ムサホル)　生まれつき欲深い者がある。

仏法に喜・怒・憂・思・悲・恐・驚とあるものと同じとのことです。生まれつきに七情が完璧である者はおらず、人は七情それぞれの配合具合によって形成されます。

他者の「五欲」「七情」を見極めて、無用な争いを避けたり、ある人が問題のある言動をしているとき、なぜそうしたことをするのかを分析することで、自分が感情的にならないようにできます。

正直なところ、私自身とても腹が立つことは多々ありますが、分析ができれば、罪を憎んで人を憎まず、といった感じで、自分にストレスなくやり過ごすこともできます。もともと短気な私が精神科医としてやってこられたのも、こうしたことによると思います。

人に対する思いやりや優しさは人心を掌握してできることも多いと思っています。特に組織においては大事な心得であることがあります。いちいち表面上のことに腹を立てていてはしこりが残り、チームワークが損なわれます。ときには相手の喜ぶツボを刺激（喜車の術）すれば自分にも利益があり、人心の掌握もできるのです。

〈精神医学からみる〉忍者に学ぶ心を強くするコツ

「感情」を見抜けると人間関係がスムーズに

気分と感情は、厳密には次のように違うものです。

「気分」は持続的なもので、私たちの日常生活の基盤となっています。

平均的な状態のことですが、健康な人でも多少変動します。これは出来事など外的要因に左右されるものではなく、周期的動揺によるものです。

対して「感情」とは反応のひとつです。特に、緊張を解きたい、不快をなくしたいなどの欲の動きである「欲動」に伴って起こるものです。欲動が人を行動へ導く能動的なものに対して、感情はその際の受動的な反応であるともいえます。また、ある特定の体験に対して起こる感情の高ぶりを「情動」といいます。

ひとつ例をあげましょう。

ある若い男性がいて、何となく心身が疲れた気分でいます。男性には彼女がいて、あるとき彼女が別の男性と親しくしているのを目撃しました。その受動的反応として不快という感情が起こります。彼女と彼女の浮気の疑いに対して怒りや悲しみ、さらには嫉妬といった感情の高ぶりが起こります。これが情動です。

表面にあらわれている感情とは別の本心がある場合もあります。非常に挑発的に怒らせるようなことばかり言っている人は、実際には愛情欲求が非常に強かったり、非常に愛情深い振る舞いをする人は、実際には強い反感を持っていることがあります。

前者は「陰性転移」といわれ、過去の人間関係における不満を現在の人間関係に置き換えているのです。たとえば、過去に親に対して不満を持っているとき、それを主治医との関係に持ち込みます。主治医がそれと気付かずに腹を立ててしまうと、親と同様に嫌悪の対象となってしまいます。親とうまくいっていない、理解されないという経験をしたのだという情報として受け取って冷静に対応するべきなのです。

反感が愛情深い振る舞いになることは、精神分析における「反動形成」といわれる心的機制で、反感や嫌悪は適応を妨げるため、感情を逆転させています。大嫌いな上司に対して異常に従順で献身的な部下に見えることがあるのは反動形成によるものだったりします。決して珍しくはなく、心が環境に適応しようとして日常的に起こっていることです。

嫁姑の関係のこじれが、実際には姑が息子に対する不満を嫁にぶつけ、嫁は実母に対して抑えてきた不満を姑にぶつけているということがあります。これは「置き換え」と呼ばれる心的規制です。置き換えの単純な例は八つ当たりです。

このように人の感情は表面だけではわかりません。特に、不満、反感、敵意といったものは出すと関係がこじれ、自分の居場所を失うこともあるため隠されていることが多いのです。

思い通りに人を動かそうとすると心の奥に隠れているものを見抜く必要があります。前述の献身的な部下の例ならば、その本心をつけば情報をとることも、寝返りをさせることも簡単です。嫁姑の例では、真の解決のキーパーソンは息子です。各人の本心をつけばさまざまな情報をとれますし、双方に働きかければ火に油を注ぐことも容易です。もちろん現代的な例として挙げただけで、そのようなことはしません。

他にも、妙に理屈っぽかったり、知性をひけらかせたり、妙に冷静であったりする人がいたら、実は大きなストレスや不満や悲しみを抱えていて、そうした行動によって自分を守っていることがあります。

人の表情の裏側が読めれば、難しいと感じていた人間関係も、ラクに考えられるのではないでしょうか。

生き抜くための「四知之伝」の教え

忍者の根本精神は「和」と「忍」であると先に述べました。つまり、できるだけ争わず、宇宙の真理を背景とした忍耐なのです。さらに、武士道でよくいわれる「命を惜しむな、名を惜しめ」ではなく、忍者は目立たないことが大事ですので基本的に名を残すことはありません。生還しなければ大事な情報を持ち帰ることができませんので、忍者に求められるのは、「生きて生きて生き抜くこと」です。そのための教えとして**「四知之伝《しちのでん》」**という状況分析をします。

四知とは、「望・聞・問・切」です。

まず、「望」では全容を見ます。「聞」では、相手の様子を探り疑問点を見つけます。「問」では、疑問点を相手に投げかけて反応をみます。「切」では、以上を総合的に判断して、最も効果的な方法を考え、忍び入ったり、工作をしたりします。

大事な決断をするとき、負けられない、失敗ができない状況において、「四知之伝」による状況分析によって的確な判断をして、任務を遂行し、その後、忍者は何が何でも生き抜こうとしたのです。一か八かの賭けでもなく、破れかぶれでもなく、差し違えでも自爆でもありません。きわめて冷静に生きのびることを考えていたのです。

〈精神医学からみる〉忍者に学ぶ心を強くするコツ

「四知之伝」で最善の対応を見極める

例えば、私が精神科医として働いているケースで見てみましょう。

悩みや不調をもった人が病院にやってきます。診察は部屋に入ってくるときから始まりますが、時々待合室の様子を見ます。いかに診察室では快活に振る舞っても、待合のときの様子と違っていればわけがあることがわかります。うつ病の人は特にそうで、医師に対しても心配をかけまいとして快活に振る舞うことがあります。忍者の場合では事前の情報に相当するでしょう。歩き方、声の調子、表情は重要な情報です。これらが「望」にあたります。

忍者は人相学も身につけていて、相手の人相も重要な情報としていました。人相がその人の内面をかなり反映することはたしかだと思います。

精神科医は表情としてみています。様子をみながら話を「聞」きます。

聞き役が多いのですが、いくつかのことを「問」いかけます。それに対する答え方、答えの内容がとても重要な情報になります。こうして次第に本当の姿が見えてきますし、本当のことを語ってもくれます。可能性がある疾患をいくつか考え、鑑別診断をしていきます。そして「切」として、必然的に診断が付き、最善の方法を考えるのです。

このように順を追って分析して最善の方法を考えることは、心が折れそうな問題にぶつかったとき、苦手な人と対峙するときなどにも使えるのではないでしょうか。

他人の心は「眼力」でつかむ

目は口ほどにものを言うといいますが、忍者も対人関係において視線を重要視し、技として活用していました。

基本的には相手の目を見て話すことが大事で、相手の気持ちを理解したり、こちらの気持ちを伝えることでコミュニケーションが成立します。

ほかにも目からわかることはたくさんあります。例えば、瞬きが多いのは不安、視線が泳ぐのは迷いを示唆します。目の輝きとして感じられるのは、瞳孔が開いているからで興味を示唆します。上目遣いは相手に対する依存や甘え、下目遣いは自分が優位に立とうとする心理のあらわれです。

こうした相手の心理の情報は欲や感情を見極めたり、状況分析にも生かすことができます。普通のよい関係を作ろうとするときは相手の眉間のあたりを見るのが無難です。相手は目と目を合わせて真剣に話を聞いてくれていると感じます。一方で、こちらの心の動きは読まれにくいのです。

自分が主導権を取りたいときは、あえて瞬きを多くしたり、視線をそらしたりして相手に間違った情報を与えることも行っていたようです。

ほかにも、相手の瞳に映った自分を見るという方法もあります。真剣さも伝わりますし、強い印象を与えることができます。これによって催眠術につなげることも行ったのではないかと思います。一方で、自分の心を読まれやすいというリスクもあるので、使うときには注意が必要です。精神科医として自殺を思いとどまらせるような状況では私もこの視線を使うことがあります。

忍術を含め武芸一般では「**二星之目付**《にせいのめつけ》」ということがよく行われます。二星とは2つの目のことで、相手の肩や手を見ます。相手に心を読まれず、相手の動きに対応しやすいのです。

「死眼之心得」というものもあります。死眼とはゴルゴ13のように三白眼のことで、黒目の下にも白目があるものを指します。これは生まれつきのものであって術としてあるのか定かではありませんが、ガンをとばすなど威嚇するときに効果があります。相手次第では挑発、ケンカにもなりますし、それを利用することもできるでしょう。

〈精神医学からみる〉忍者に学ぶ心を強くするコツ

現代こそ忍者式コミュニケーションが活きる

幼少期から限られた人としかリアルな関係を持たない人が多い現代では、忍者式のコミュニケーション術が特に生かせるのではないでしょうか。最近の若い人たちは、リアルな人間関係を作りたいと思いながらも、一方では、ある意味でプライドが高く、人間関係によって自らが傷つくことを恐れる傾向があります。人間関係を避けることによる寂しさを

SNSで紛らせているように、私には思えます。

就職して、周囲に聞けば済む程度のわからないことでも、聞くことを避け、結局職場に適応できない人を多く診てきました。こうしたとき、心は緊張や不安の状態にあり、不要なオンの状態とも言えます。適応障害やうつ病に至ることもあります。

新人はわからないのが当然で、特に「うつけ」のふりをしなくても、正直に伝えれば、少々何か言われるかもしれませんが、教えてくれるに決まっています。少しの勇気を出しましょう。そして、短くてもよいのでお礼を言えばコミュニケーションは成立するのです。むしろ、2回目、3回目が大事で、余計なことを言われるかもしれません。めげず、相手の眉間のあたりを見て真剣さを伝えましょう。また必ず教えてくれます。先輩や上司は前述の山本五十六の言葉を忘れないでください。新人の生涯に大きな影響を与えます。

適応できている人でも、国際化の時代ですから海外で新たな人との関係づくりを求められることもあります。コミュニケーションをとれれば、あとは何とかなるということが多いと思います。

コミュニケーションはよくキャッチボールにたとえられます。言葉がボールですが、大事なのは気持ち、思いをやり取りすることで、相手の思いをしっかりと受け止める必要があります。

「五欲」「七情」を見極め、「四知之伝」で判断していれば、コミュニケーションは成立します。ですから、聞き役になることと、時々ちゃんと理解していることを相手に示すことが大事です。多用すると形式的な感じを与えてよくないですが、簡単な方法として相手が言ったことの一部を時々オウム返しする方法があります。ちゃんと理解してますよ、と伝えるための初心者向けの方法です。

私は大学の教員をしていますので、学生さんから、「相手が何もしゃべらないのでどうしたらよいかわからない」ということをよく聞きます。そのときには、話さなくてもいいので一緒に過ごして時間を共有するだけでもいいよ、と言います。相手の様子を見て、その気持ちを理解するようにしていれば、いずれ話せるのです。

焦ったり、不安になったりしたら、相手もよく見ていますから、心に余裕のある人ならば逆に気遣って声をかけてくれるでしょうが、余裕のない人では落ちつかない人と話しても気分がよいはずもなく、先述の「無門の一関」を閉ざしてしまうでしょう。

忍びメモ③ 心の安定を得る忍者の占い・呪術

忍術は密教や修験道の流れを汲んでいて、密教や修験道にはさまざまな呪術があることから、忍術も呪術と深い関係にあります。

敵を調伏させる呪術、自分たちと仲良くさせる呪術などさまざまなものがあったようです。印も呪術のひとつともいえます。印以外の呪術にどれほどの効果があったのかよくわかりませんが、宇宙の真理や祈りを大切にする忍者の心を物語るものだと思います。

川上氏によると、修験道から取り入れられた呪術は、忍びの修行者を護り、敵を調伏し、人々を救済するためのものです。

「神伝矢車之法」は、呪文を唱えると己の姿が消えるとされていて、古代から伝えられているそうです。現在私たちが見ている次元ではあり得ないことですが、私がまだ知らない次元では大変意味があり、姿が消えるのでしょうか。「兵法秘術一巻書」の「隠形《おんぎょう》の秘術のこと」にも印を結んで真言を唱えると消えることができる、という記載があり、こうしたことから近現代の忍者のイメージができたのかもしれません。

九字護身法の中の最後の「前」に対応する摩利支天は特に忍者が頼りにしていて、困ったら摩利支天に祈れ、という感じだったようです。摩利支天は護身と財力の神で、仏教の守護神です。インドでは陽炎《かげろう》を意味する神様だったことから、理想的な忍者像だったのではないかと伊賀流忍者集団の主催者である黒井宏光氏は書いています。

第三章

忍びの「心」を科学する

脳波で読み解く、動じない心とは？

現代の忍者の心を探るチャンス

私の本業はうつ病における脳内のメカニズムの研究ですが、精神の健康を保つ観点から、これまで香りの応用をはじめ、さまざまなストレス緩和法を提言してきました。

効果があったという人も多いですが、香りには好き嫌いがありますし、頭ではわかるけれど心の根本的なところでは身につかない、そんなことをやっている暇はない、それでは対応できないという人も多いのが現実です。さらに、いったんはおさまっても、仕事でも人間関係でもさまざまな問題が生じます。その対応が前と同じなら、同じ結果に至ることが多いのです。ならば、ということで考え方の修正を主眼に対応もしてきました。

中でも、メンタルヘルスに大いに役立つと思われるのが忍者の技や考え方です。忍者は心身が健康なのか、私がお目にかかった現代の忍者たちは皆さん健康でした。歴史を振り返ってみても、序章に書いたように、忍者は長命で生涯現役のような人が多かったようです。

私は、忍者の心の強さがどこから来るものなのかを科学的に探っています。この研究は私がこれまで専門に研究してきた、人がストレスに押しつぶされない方法へのひとつの足掛かりとなりました。現代人の心を強くするヒントになるのではないでしょうか。

さて、現代の忍者を対象とした研究課題として、まず考えたことは、過酷な任務を敵地で行う忍者はオン（戦闘モード）が主体となるでしょうが、オフ（休息モード）がなければもつはずがありません。一般人ではちょっと休憩とか気分転換で遊ぶこともできますが、忍者は常に身の危険があり、そのようなことができません。オンだけでは心身がもたないので何か特別な方法でオフにしていたはずだと考えました。

川上氏に加え、十分忍術を身につけていると考えられる門弟を主体に、順不同で、黒井宏光氏、浮田和貴氏、清本泰志氏、千賀充訓氏にご協力頂いて、特に「印」と「息長《おきなが》」に焦点を絞り、その秘密を探りました。皆さんともに50~60代で、長年の修行に励んでこられた人たちです。

印は忍者の象徴的なものであり、独特の呼吸法があることから、何か秘密があるに違いないと思っていました。その結果は、狙い通りでもあり、意外な発見もあり、さらに謎が深まったともいえて、総じて忍者の驚くべき優れた自己コントロール能力の発見でした。

同時に、忍者の持つ深い精神性に触れることができました。実験の合間にいろいろお話を聞かせて頂き、忍術の魅力に引き込まれていきました。それをお伝えできればよいなと思っています。

呼吸で自己コントロールをする忍者

やらなければいけないことはあるのに、他のことが気になって作業がはかどらない。試験、プレゼン、商談など、全力を出し切らなければならないときに、悪いことばかり考えてしまいうまくいかない…。すべきことに集中できないと、結果はついてきません。

身体や技術だけを磨いても、精神が鍛えられていないと任務は失敗してしまいます。忍者も精神の鍛錬に力を入れていました。主な鍛練法は呼吸です。では、なぜ呼吸法が精神の鍛錬になるのか。その秘密も実験で明らかになりました。

忍者が行っていた呼吸法は身体動作に合わせて心・気・体を一致させるもので、さまざまな種類がありました。基本的には大きく分けて3種類になるようです。二重《ふたえ》息吹（二重呼吸）、息長、そして逆腹式呼吸です。

二重息吹とは、吸う、吐く、吐く、吸う、吐く、吸う、吸う、吐く、のように、一度吸って二度吐く、二度吸って一度吐くなど、吸うと吐くを二度重ねる呼吸方法です。気を整えますが、気を全身にめぐらせることはしないそうです。これは後で紹介する息長のように宇宙の真理と一体になるような精神の鍛錬ではなく、動作と心とを一致させるものであったようです。

実際に、呼吸に慣れるとともに、呼吸の速さや緩急を変え、動作に合わせるそうです。自分に合ったリズムを見つけると、長時間集中できるなど、持久力向上に効果があり、現代のマラソンでも使われています。


逆腹式呼吸とは、息を吸ったときに腹を凹ませ、吐いたときに腹を膨らませます。通常の腹式呼吸では横隔膜を上下させることになり、息を吸ったときには腹が膨らみますが、逆腹式呼吸では息を吸ったとき横隔膜は下がり、腹を凹ませます。その結果、腹腔内の圧力が高まり、内臓への刺激になって、副交感神経機能が高まるとされています。

副交感神経は休息、リラックスをもたらす神経です。内臓の多くが副交感神経系の支配下にありますので理にかなっています。逆腹式呼吸は忍術でも行われますし、ヨガなどのさまざまな健康法でも行われます。ここで重要なことは、単に副交感神経の機能を高めることだけが目的なのではなく、交感神経も含めた自律神経の適切なバランスを回復させ、強化することが目的だということです。

緊張するとおなかが痛くなるなど、メンタルが内臓に影響するのを防ぐことができます。大腸は副交感神経が活発になりすぎると下痢を起こし、逆なら便秘になります。そうしたことがまた脳へのストレスになり、下痢や便秘を起こすという悪循環が生じます。脳腸相関と呼ばれます。ストレスに対して交感神経が強く働きますので便秘になるはずですが、強過ぎる交感神経に対して副交感神経が対抗して一気に強く作用することがあり、下痢が起こるのです。ここで副交感神経の作用を高めれば一時的には下痢が悪化する可能性がありますが、本質は自律神経の不安定性ですし、ストレスに対する反応なのです。

そこで、自律神経のバランスを回復させて強化し、脳へのストレスを防ぐことが根本的な対策となります。

最新脳科学でわかった瞑想を得る呼吸法「息長」

私が現代の忍者にご協力頂いて心身の状態を調べたことのひとつが、息長による心身の変化です。

息長とは、短く吸ってから、長く吐く呼吸法で、忍者は鼻の頭に短く割いた紙をつけ、たなびかせ続けることで習得しました。運動直後に呼吸を整えることができ、呼吸音を消すことができます。忍者がその存在を消し、次の行動に移る上で大きな役割をもっていたといわれています。

実験では30分間観察しました。安定するまでは酸欠になって苦しいとのことでしたが、実験結果は驚くべきものでした。

開始後15分位して、外見上は明らかに眠りに入っていきました。脳波上でも睡眠に関連するゆっくりした波形のシータ波が次第に優勢となり、大脳の活動は低下していることがうかがわれました。同時に、緊張や不安、イライラを示す速い波形のベータ波が減少しました。

驚きは、これらと同時に増加を示したアルファ2という波です。リラックスと集中を示す波形であり、睡眠時に出現することはあり得ません。非常に冴えていることを示します。終了後に被験者に聞いてみると、眠ってはおらず、感覚が非常に鋭くなっていたとのことでした。自分が太陽と一体になっていくイメージだと言う被験者もいました。

こうした脳波の所見は何を意味するのか、私は瞑想状態だと解釈しています。ヨガや禅で究極に得られるものと同じではないのかと思います。後で解説しますが、忍者の精神が折れたり、ぶれたりしないのは「不動心」があるからです。この不動心こそ、太陽と一体となるというような宇宙の真理を背景として生まれたのだと考えられます。

自律神経機能では、戦うための交感神経機能が抑制され、副交感神経機能が優位、つまり身体は休息（オフ）の状態を呈していました。私は忍術の奥義を垣間見た思いがしました。

川上氏に私の解釈の是非を確認したところ、息長の主な目的は瞑想で間違いないとのことです。元々は禁裏の神道行法（白川家神道）に由来していて、神、すなわち宇宙や大自然の心理と一体化するための行法とのことです。心・気・体をひとつにした行動を可能とするのです。

息長は腹式呼吸の一種として、呼吸時間の変化により意識を制御することによって可能になるとのことで、呼吸を遅くして、場合によっては酸欠ともなり、生と死を超えてしまうような状態ではないかと私は思います。

結果として、酸欠に対して脳の余分な機能はなくなる一方で、極めて感覚が研ぎ澄まされた状態になり、単にリラックスとも集中ともいえない不可思議な状態が、科学的にはアルファ2の増加となってあらわれたのでしょう。

こうした息長を私はオフの状態と解釈しましたが、川上氏によると、戦いの後だけではなく、戦いの前にも行ったそうです。その場合には心・気を落ち着かせ、余裕を持ったまま奮い立たせる効果もあったようです。つまり、オンのスイッチを入れるオフという不可思議なものであり、不安を鎮めて過緊張なオンを防ぎ、適切なオンに導くことによって、忍者本来の俊敏なプレーを可能にしたのではないでしょうか。単純な理論を超越しているようで、まだまだ研究の余地がありそうです。

呼吸で副交感神経と扁桃体を制御する

オンのときは、戦う態勢ですから呼吸は速くなり、より多くの酸素を体内に取り込んで脳や筋肉に送ろうとします。運動をしているときだけではなく、緊張する場面で呼吸が速くなったり、呼吸が乱れることを多くの人が経験しているでしょう。

このとき、交感神経優位になっていて、呼吸は吸うことが中心になり速く浅くなります。結果、吐く息と連動する声をうまく出せないことが起こります。声が震えたり、息が続かなかったりして、人前で上がった状態になり、これを苦にすると対人恐怖（正式には社会恐怖）が起こることがあります。

一方、副交感神経優位では呼気中心になり、ゆっくり、深くなります。眠っている人を見れば明らかです。呼吸中枢は延髄《えんずい》にあり、補助的なものが橋《きょう》と呼ばれる脳部位にあります。大脳からはるか下の脳の原始的な部分です。自律神経系が呼吸を制御しているのではありませんが、大きな影響を与えています。息長だけではなく、ヨガなどの健康法では呼吸が重要視され、ゆっくりした呼吸をします。

呼吸は脳の扁桃体の働きにも影響を及ぼすことが知られています。扁桃体は情動、感情に関与していて、不安や抑うつを起こします。ゆっくりした呼吸によって情動、感情が落ち着くのです。

今回の実験によって、呼気を遅くすることにより副交感神経機能を高め、扁桃体を落ち着かせることが示されたといえます。しかも、忍者は呼気の長さを調節して、自分の求める状態へもっていくようなのです。実験のスケジュールの都合で息長の検証は30分としましたが、川上氏は60％くらいの達成だと言っておられました。もっと長く行うとどうなるのか、ぜひ検討したいと思っています。

〈精神医学からみる〉忍者の心の整え方を実践！

心の落ち着きを取り戻す呼吸法を試す

息長は長年の修行によってはじめてできるものであって、一般の人がすぐに真似できるものではありません。しかし、短時間に限ってゆっくりした呼吸をすることは試してみる価値はあるでしょう。実際に1分間に10回未満の呼吸が心と体を落ち着け、寝付きをよくするという研究論文もあります。あまり呼吸にばかり意識が向いても、かえって緊張してしまうかもしれませんので、緊張を強いられる場面とか寝付くときだけに限定して、たとえば4秒息を吸い、6秒息を吐くをしばらく続けることをおすすめします。よく緊張している人に深呼吸しろと言いますが、1、2回やっても効果は限られています。

私は従来、副交感神経機能を高める方法として自律訓練法、別名で自己催眠術をすすめてきました。四肢の重感・温感、心臓・呼吸調整、腹部温感、額の涼感と進んでいくもので、自律神経機能を自分でコントロールすることは通常はできないのですが、それをある程度可能にする方法です。私自身は2ヶ月ほどで習得しました。この有効性は確立されています。自律訓練法でも、「楽に呼吸をしている」という暗示で呼吸調整を行いますし、自律訓練法で副交感神経優位の状態にすれば呼吸はゆっくりになります。これは同時に扁桃体を落ち着かせてもいます。

気持ちが昂《たかぶ》って失敗しがちな人、眠りたいのに寝付けないと悩む人は息長のエッセンスを取り入れてみてはいかがでしょうか？　落ち着きを取り戻しつつ集中することができるでしょう。

忍びメモ④ いま活躍している〝忍者〟も忍者？

最後の忍者の異名を持つ藤田西湖氏をはじめ、明治時代以降にも忍者を自称する人が何人も現れました。私は、藤田氏らが忍者なのか否かを判断する立場にはありません。こうした人たちの忍術は古武術と大道芸を核としていて、忍術伝書の記載内容を基本にしていますが、見せることに比重が置かれていて、かつての忍者と異なる点も多いと思われます。

一方で、諜報、防諜などの秘密戦を教育したことで知られる陸軍中野学校で藤田氏は講義をしていて、そこでは何があっても生き抜くことを教えていました。その教えが戦後も戦い続けたことで有名な小野田寛郎元少尉の生き方にどの程度影響を与えたのかは知る由がありませんが、第二次世界大戦後、29年もの間フィリピンにて小野田さんは立派に生き抜きました。

現在では各地に忍者のパフォーマンスをする人や集団があります。見せることを第一に活動しているので、大道芸の流れだと考えられます。本物の忍者なのか否かは私にはわかりません。ただ言えることは、装束が本物の忍者とは違うこと、本来の忍術は武術ではなく、本物の忍者は戦いを避け、生きのびることを最優先させていたことを考えると、見せているものは近現代に形成された新しい忍者像といえます。

私の実験では、本物の忍者と考えられる川上氏とその門弟を主に対象にしていますが、忍者ショーで主に活動しておられる浮田半蔵氏も含まれていま す。実験を通じた私見で、息長をできる人が本物の忍者だと私は思っていま す。基礎から相当な鍛錬をしていないとできないことだからです。浮田氏も息長の特徴的な所見を呈していました。

心のオン・オフを切り替えていた「九字護身法」

忍者の決めポーズというと、手を合わせて呪文を唱えるというのを想像しませんか？　子どもの頃に真似した人も多いかもしれません。

これは「印」と呼ばれ、忍者のトレードマークのようなものです。この印にはどのような意味があって、どんな効果があるのか。現代の忍者に協力して頂き、脳波と自律神経機能で測定しました。

まずは印について解説したいと思います。

印は修験道の流れを汲んでおり、忍術に取り入れられた修験道の行法に「九字護身法《くじごしんぼう》」があります。修験道では山に入るときなどに九字の印を結び、魔を遠ざけます。修験道の印と忍者の印の違いはよくわかりませんが、川上氏の印を見て、お話を聞いた限りでは、修験道では当然ですが宗教的な色彩があるのに対し、忍者では特定の宗教ではない宇宙の真理に対する祈りであると感じました。

忍者の印のやり方は、まず、「臨《りん》、兵《ぴょう》、闘《とう》、者《しゃ》、皆《かい》、陣《じん》、烈《れつ》、在《ざい》、前《ぜん》」の九文字をあらわす印を結び（左のイラストの手の結び方）、次に刀印を結んで、九字を唱えながら、「えいっ」と空を切ります。

刀印とは、右手を刀に、左手を鞘に見立て、縦4回、横5回、マス目を描くように空を切るものです。実際に目の前で見るとかなりの迫力です。川上氏の本によると、「神仏の加護があるから最後まであきらめてはいけない」という心構えが大事とのことです。九字の意味は、『臨める兵、闘う者、皆陣をはり列をつくって、前に在り』であり、それぞれに次の字のように神、仏が対応しています。

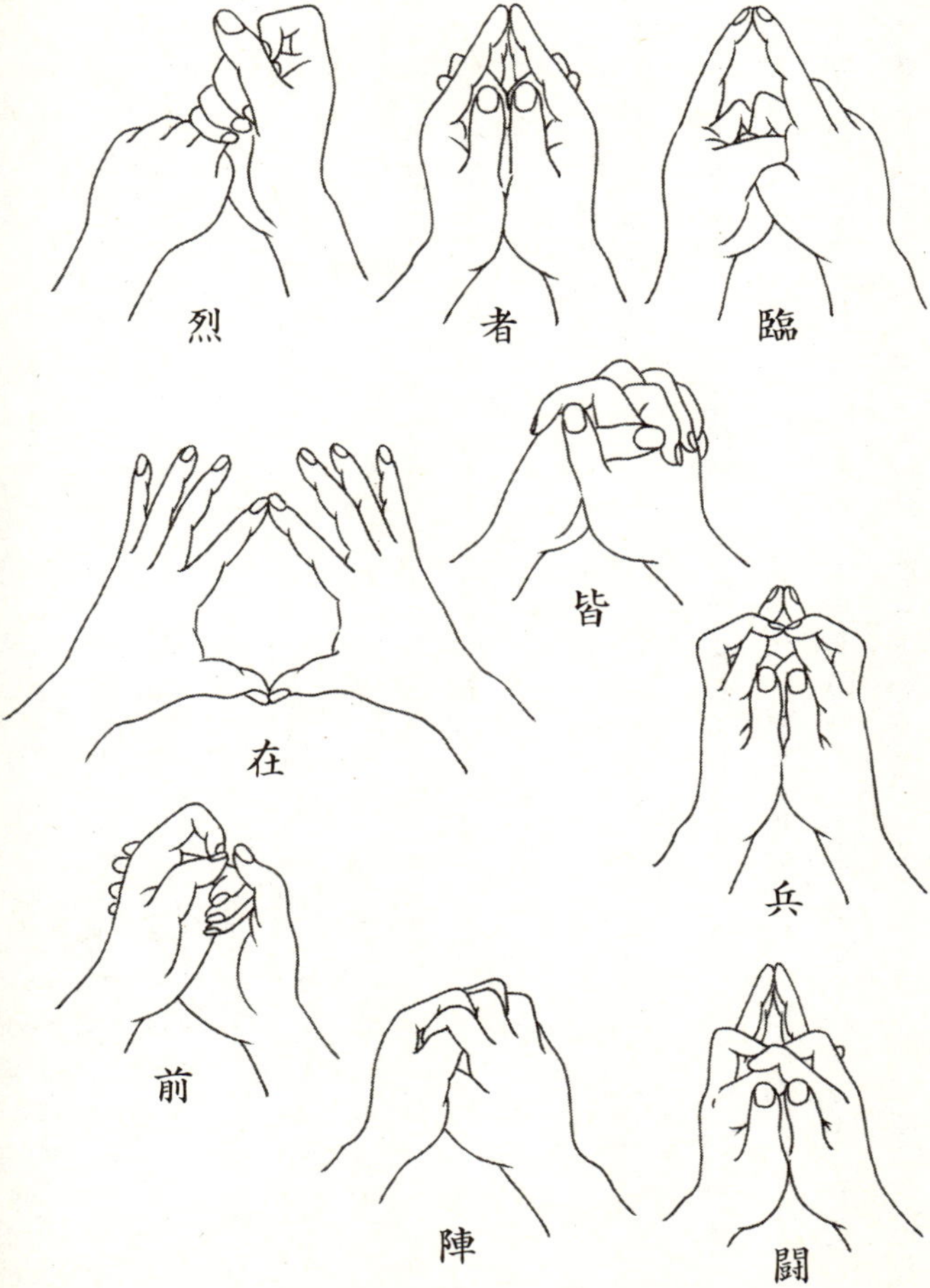
烈
者
臨
皆
在
兵
前
陣
闘

「臨（独鈷印《とっこいん》）」…………天照皇大神・毘沙門天

「兵（大金剛輪印）」…………八幡神・十一面観音

「闘（外獅子印《げじしいん》）」…………春日大明神・如意輪観音

「者（内獅子印）」…………加茂大明神・不動明王

「皆（外縛印《げばくいん》）」…………稲荷大明神・愛染明王

「陣（内縛印）」…………住吉大明神・聖観音

「烈（智拳印）」…………丹生大明神・阿弥陀如来

「在（日輪印）」…………日天子・弥勒菩薩

「前（隠行印《おんぎょういん》）」…………摩利支天・文殊菩薩

印は密教由来の「三密行法《さんみつぎょうほう》」にも由来しています。三密では人の活動を身体、口（言葉）、意に分け、この3つを一致させれば神仏に融合同化し、不可能を可能にすることができるとされています。印を結ぶという身体、呪文を唱えるという口、そして神仏に願うという意がひとつにまとまっていると考えられます。

こうした修行において、気合と呼吸法が大事であるとされています。印における呼吸法は今回の実験では検討していませんが、実験に立ち会ってみて気合は相当なものだと感じました。

実験では、印を結んだあと15分ほどの間、眠気を示すシータ波と緊張を示すベータ波が減少し、集中とリラックスを示すアルファ2が増加しました。このとき、身体では戦闘モードの交感神経機能は低下し、休息モードの副交感神経機能は上昇しました。戦いの前に印を結ぶわけですから、なんだか逆のようにも見えます。

この状態について、頭は集中かつ柔軟であり、おそらく感覚は研ぎ澄まされていて、身体はこわばることなく即応態勢にあって、どんな戦いにも対応できる優れた状態なのではないかと私は解釈しています。

印の後で戦いに見立ててクレペリンテストという計算課題を30分間しても
らったところ、普通の人では脳波で緊張を示すベータ波が増加し、身体では交感神経機能が上昇、副交感神経機能が低下して、ストレス反応を示しました。

一方、忍者ではベータ波が減少し、集中とリラックスを示すアルファ2が増加してストレス反応を示さず、交感神経機能の増加と副交感神経機能の低下も一過性で終わりました。つまり、忍者はストレスに対して柔軟に対応できることが示唆されたのです。

この実験に際して川上氏は「戦いの前の印によって宇宙からエネルギーを頂き、戦いが終わるときわめて短い印を結んで、エネルギーをお返ししている」と興味深いことを言っておられました。印の意味をよくあらわしており、宇宙の真理とともに生きる忍者の姿を感じ、とても気高く見えました。

印の効果を講演などで話すと、一般人が行っても効果があるのかとよく聞かれます。残念ながら形だけ真似ても効果はありません。長年の鍛錬のおかげなのですから仕方がありません。したがって一般への応用は難しいのですが、オンとオフの切り替え、宇宙の真理を背景としたエネルギーといったものの考え方、心性は真似できると思います。ただし、何事も信ずれば効果を発揮することがあります。印を結ぶことによって一般の人でもそれなりの効果が得られる可能性は否定できません。

印とルーチンの違い——印は祈り

印については、さらにいわゆる五郎丸ポーズとの異同をよく聞かれます。結果的には同じ結果を生んでいるかもしれませんが、性格は全く異なると思います。

五郎丸ポーズは練習のときと同じことが大観衆の前でも大事な試合においてもできるようにルーチン化して、心の変化による行動の変化をなくしているものです。イチローのルーチンも同じ意味があると思われます。同じ行動をすることによって、いつも同じ心身の状態で打席に臨めるわけです。

ルーチンを行うスポーツ選手は数多くいます。私もよく振り返ってみるといくつかのルーチンを持っています。人は変化に対して適応する態勢を作らなければ不安を生じますので、生きる知恵、最高のパフォーマンスをする知恵なのでしょう。

ルーチンにも祈りの要素を持つものがありますし、印も見方を変えれば戦いの前に行うということで、ある意味ではルーチンで、厳密には境目は不分明ですが、通常のルーチンでは一つひとつの行動にあまり意味はありません。そうした意味において印はルーチンではなく、その動き一つひとつに意味があることが、祈りに通じるのだと思います。祈って宇宙からエネルギーを頂くということが、忍者の超人的な集中力にもつながるのかもしれません。

いつもエネルギッシュな大物たちにも〝印〟が!?

ストレス対処の基本はオンとオフの上手な切り替えです。生きていくためにはオンは絶対に必要ですし、オンがなければ夢に向かって頑張ることもなく人生はつまらないものです。しかし、必ずオフがなければ健康を維持できません。

ストレス研究の先駆者であるハンス・セリエ(1936)は次のように言っています。

①一部分に強くストレスがかかっているときには、気分転換しなさい。煮詰まらないように、煮詰まりかけたエネルギーを気分転換に回してバランスを回復しなさい。

②全体に強くストレスがかかっているときには休みなさい。ガス欠で無理をしてはならず、エネルギーを補給しなさい。

③エネルギーを節約するための休息や癒しはとても重要であるが、ストレスマネジメントの反面に過ぎない。
④自分にとって最高の目標が達成できるように頑張りなさい。でも、無益な頑張りはしてはいけない。

80年余り前に書かれたことですが、ストレス対処はこれに尽きます。

オンの過剰な状態が続くことによって起こる過労死が後を絶たないのは大変残念なことです。一方で、トップ経営者や政財界のいわゆる大物は年齢を重ねてもとてもタフです。そんな人たちがどうしているのか聞いてみると、オフの取り方がとてもうまいのです。忍者がオンとオフを切りかえる術を持っていたことと同じです。

これは天性のものもあるでしょうが、経験から編み出したという人もいます。休むときはきっちり休んでいて、メリハリがしっかりしています。楽し

み も持っています。決してスーパーマンではなく、普通の人と同じなのです。大物を目指すかどうかは、その人の価値観によりますが、健康で楽しく生きたいではありませんか。

〈精神医学からみる〉忍者の心の整え方を実践!

心を疲弊させない現代版自己コントロール術のすすめ

忍者は印や長息を使っていましたが、私は週1回の畑仕事と、時たまの古寺巡りでオンとオフを切りかえるようにしています。これが私にとっての自己コントロール術です。特に畑はどんなに忙しくても行って、土に触れ、四季の変化を実感し、大地の恵みとして畑の作物を頂きます。自然と共に過ごすことの心地よさがあります。自作の新鮮な野菜を食べるのは何よりの贅沢だと言う人もおり、こうした安らぎは園芸療法や土療法などと呼ばれています。私はそうしないとオンばかりになる性格ですからやっていますが、楽しいのが一番です。ですから作物の不出来には負けん気をできるだけ出さないようにしています。

古寺は歴史に思いをはせ、生と死のはざまにいるようで心が落ち着きます。歴史好きで尊敬する人物がたくさんいます。だいたいは勇気を与える人たちですが、中学のころから敬愛する勝海舟は少し違っていて、煮詰まりかけるとこの言葉を思い出し、癒されています。

「やるだけのことはやって、後のことは心の中で、そっと心配しておれば良いではないか、どうせなるようにしかならないよ」です。そう言えば、敬愛する高杉晋作も三味線を弾いて都都逸《どどいつ》をうたっていました。勝海舟自身が現実の政治家として活躍し、そのために嫌われることもあるのですが、人を見抜くことも含め観察眼に基づいた判断力に優れていて、他にも多くの名言を残しています。オンとオフの切りかえ方など、忍者の心にも通じるものがあると思っています。

人にとって不安は宿命

三病のひとつに出てきた「恐れ」。これはすなわち不安です。人は不安を完全になくすことは不可能です。キュルケゴールやニーチェに始まり、ハイデッガーやヤスパースで隆盛を迎えた実存哲学では、不安は我々の存在を規定する重要な概念とされています。実存哲学では、人という存在は根拠がないために未来に不安を抱き、不安は存在であるための根本的気分とされています。

突き詰めて考えると、なぜ自分が存在するのか説明することは大変難しいです。存在するから存在する、理由などない、あるいは訳なんか考えても仕方がないなどと居直ってしまえばとりあえずはよいのかもしれませんが、それは考えても答えが出ないこと、不安の裏返しでもあります。そこで普通は考えないのですが、解決できない問題として人の心の奥底にいつもあり、何かのときにあらわれるのです。

アイデンティティー（自己同一性、エリクソンでは自我同一性）という言葉があります。「・・・としての自分」を意味しています。人にとってアイデンティティーの統合、すなわち確立が心の混乱をまねかないために必要です。「男性として」「夫として」「父親として」「課長として」など、人はさまざまな役割をもっていて、それらの統合が必要ということです。

社会に出る前に最初の確立が必要で、大学生の頃はその統合が猶予されることからモラトリアムと呼ばれます。この間にいろんな経験をして、場合によっては海外へ飛び出して自分を見つけるのです。私も1ヶ月間ヨーロッパを放浪したことがあります。なぜこのことを持ち出したかというと、アイデンティティーの統合は人生の中で常に行うべきことで、それがうまくいかないと心は不安定になり、不安を生じます。

しかし、アイデンティティーの考え方は、先に述べた存在の謎には何も答えていません。したがって、現実的に生きていくために適応的にアイデンティティーというものがあるのだと私は思っています。

死についてもアイデンティティーではその受容を求めるわけですが、存在の理由がわからないため死の意味も本当はわからないのです。そこで、死というものについても不安があることになります。アイデンティティーの統合とは、根源的な不安の上に築かれたガラス細工のように思います。

生きる意味がわからないという人がよくいます。自殺を考えているのならば、私は、生きることに価値があると言います。その価値とは宇宙の中のかけがえのないものという意味です。

抑えきれない不安が日常生活を圧迫する

精神分析学では、本能や欲求のままに生きようとする快感原則と、社会の掟による縛り、すなわち現実原則の間の葛藤に人は常に悩み、かなえられない多くの欲求は無意識の世界に抑圧されると考えます。

無意識の中に抑圧されたものはエネルギーをもっていて、火山のマグマのように蓄積され、やがて抑えきれなくなって、無意識から意識の中にあふれ出たものが不安の根源であるとされています。その不安を人それぞれの方法で解決し、社会に適応しようとします。

いずれにしても人は根源的に不安からは逃れられないのです。あらゆる精神の病では心が不安定になり、押し殺していた不安が顕在化します。強度になればムンクの叫びのように、何か大変なことが起こるのではないかと恐怖におののくことになります。不安を完全になくすことは不可能ですから、あっても意識をしないよう、また心の奥にしまうしかないのです。

あるいは対処可能な形で落ち着くことになります。適度であればあらわれている方が健全であるともいえるのです。つまり、ガス抜きできているということです。

私の場合、不安は高所恐怖としてあらわれます。高層ビルには登れますが、屋上の縁はダメです。無理に縁に寄れば、不安から緊張状態になるでしょう。

また、マカオタワーのように下が透けているのは超苦手です。ところが、東京スカイツリーのフロア340にある透明な床には苦も無く乗ることができます。これは不思議です。しっかりした構造物で囲まれた場所であることと、ガラスが二重になっていることが不安を感じさせないのでしょう。しかし、仮に揺れたらダメでしょう。

海外へ飛行機で行きます。本心は怖いのですが、着いたら楽しいことがあるので我慢します。離着陸や旋回は恐怖ですが、水平飛行で安定していれば眠ることもできます。日常にあらわれる不安とはこういうもので、より大きな快があったり、頼れる確固としたものがあれば、ある程度は忘れることができるものです。もちろん病的に強い不安に対しては薬を使うべきです。病的とは、生活や仕事上に支障が出ることが目安です。

不安のあらわれとして日本人に多いのは強迫です。

これは否定できる内容であることはわかっていても、どうしても否定できない不安で、玄関の鍵をかけたことはわかっていてもかけてないのではと不安になり何度も確認をするとか、ガス栓を閉めてない不安で何度も確認するとか、手が汚れているのではないかと不安になって洗浄を繰り返すとか、人前でまずいことを言ってしまうのではないか、プラットホームで電車に飛び込まないか、といったことが繰り返し頭に浮かびます。忙しかったり、悩み事があると強くなる傾向があります。

健常人にも多くみられ、確認作業をしても学校や勤務先に間に合えばよいですし、不安で他のことに支障が出なければ性格の範囲内です。こうして、人は不安とともに生きているのです。

〈精神医学からみる〉忍者の心の整え方を実践！

忍者も不安とともに生きていた！「不動心」の境地

厳しい修行によって自己を知り、宇宙の真理と一体になっている自己を意識すれば、さらに不安は軽減されると思います。会社への固着ではなく、宇宙への固着といえば理解できるでしょうか。

忍びの仕事においても、相手について正しい情報を持っていればかなり不安を克服できるでしょう。三病、とくに不安の克服が「不動心」となります。その背景には先に紹介した宇宙の真理に裏付けられた「忍」と「和」があるのです。

不動心は禅や武士道でもいわれることです。結果として、心と身体が一体となって動けるのです。このためにも私は、先に紹介した息長が大きな役割を持っていたのではないかと考えています。

かつてないストレス社会を生きる現代人

ストレスというと、私たちを攻撃するもの、疲弊させるものという悪いイメージがあるかもしれません。たしかにその一面はあるのですが、私は 少々違うように思います。

ストレスとは環境の変化や出来事に対する適応を意味していて、人間関係や仕事の多忙さなど一般の人がイメージする事柄だけではなく、気温や気候の変化もストレスです。あらゆることに適応して生きていくことイコールストレスなのです。したがって、あからさまでなくても、いわゆる窓際族として、たいして仕事を与えられず、時間をもてあますこともストレスになります。

また、夢に向かって頑張るのもストレスですから、ストレスは必ずしも悪ではありません。ストレスがなければ人生はつまらないものになります。つまり、ストレスが悪かどうかはとらえ方次第なのです。

科学技術が進歩し、ますます便利になり、車の自動運転が普通に行われるのもそう遠くはないでしょう。情報もネットでいつでも得られます。労働もＡＩを備えたロボットやドローンが肩代わりしていくでしょう。科学技術の進歩による適応すべき事柄は慣れてしまえば減るのかもしれません。かつてパソコンを使えないことが大きなストレスになった人がいましたが、今は大半の人が苦もなく使えます。機能が進み過ぎて使い切れない人が多くいますし、スマホに慣れ過ぎてパソコンを使えないという若者もいます。こうしたことは人の限界を示していますが、さらに技術が進んで解決されるのかもしれません。

しかし、便利になればなるほど、一方で、生物としての機能が失われていくことは確実です。夜でも明るいこと自体が生物としてのリズムを狂わせています。便利になる前の過労というストレスはなくなるかもしれませんが、かつてない便利な社会に生物として適応することも大きなストレスになります。人類は進化していくでしょうが、何十年の進化は大きなものではあり得ません。かつてない不思議なストレス社会を迎えることになるでしょう。

たとえば労働がなくなったら、努力すべきことがなくなったら人はどうするのでしょうか。こうした意味で、現代と未来はこれまでとは違ったストレス社会になると、私は思っています。

私はこうした時代にあらがうように、車はずっとマニュアルミッション車、筆記用具は万年筆、時計は懐中時計でしたが、好きな車にマニュアル車がなくなり、やむなくオートマチック車に乗り換えました。カルテも電子カルテになり、万年筆の出番はほとんどなくなってしまいました。便利ではありますが、なんとなく満たされない感じがいつもしています。そのうち漢字を書けなくなるのではないでしょうか。私はスマホのスケジュール管理は使わず、手書きの手帳で抵抗を続けています。

ストレスは万病の元

私は精神科医として、ストレスが単純な不眠症も含め多くの精神疾患や身体疾患の原因になり得ることから、ストレスのメカニズムの研究とストレスを実生活の中で緩和する手段について長年研究を重ねてきました。

単純に言えば、日中の忙しさ、対人関係の悩みなどによる興奮した状態を切り替えられない、クールダウンできないまま寝床に入れば不眠になり、脳のストレスに反応する神経が過敏な状態にあればパニックをはじめとする不安障害になります。昔、ノイローゼと呼ばれたものです。ストレスに対応する神経が一生懸命に働いた末に疲弊すればうつ病になります。統合失調症においても、ストレスによる脳のある領域の神経の過剰な働きが発症や悪化につながります。神経が構成する心が未成熟のまま大人になればパーソナリティ障害などの問題が起こります。

人の身体機能を調節している自律神経系は脳に中枢がありますが、作用は脳の外で行われます。

自律神経系の働きは意思によってコントロールできません。自律神経系にはオン（戦闘に適した心身の状態）にする交感神経系と、オフ（休息に適した心身の状態）にする副交感神経系があり、オンは生きていくために不可欠ですが、この活動が過剰であったり、オンが持続するとさまざまな疾患の原因になります。

昔、人が他の動物と戦ったり、狩りをしていた頃の名残で、オンでは戦うために必要な脳と筋肉に栄養と酸素をたくさん送るため血圧を上げ、血糖を上げます。その際に内臓は犠牲となり血流が減ります。その状態が続けば、高血圧、糖尿病となり、フル回転の心臓には無理がかかって不整脈が起こり得ることになります。血圧を上げるため血管は収縮していて、心臓自身へ栄養や酸素を送る血管も収縮する一方で、心臓はフル回転であるため狭心症や心筋梗塞が起こりやすくなります。胃への血流が減り、胃酸に対する胃粘膜の防御が低下して胃潰瘍が起こります。

その他にも、ストレスは炎症反応を起こしたり、免疫機能の変調をきたしたり、さまざまなことが起こります。特に持続的な軽度の炎症は健康に大きな問題があると私は考えています。

なお、ストレスに際して反応するシステムとして、交感神経系のほかにもうひとつ重要なものがあります。脳の視床下部、下垂体の支配下にある副腎皮質で、ステロイドというホルモンを分泌します。このホルモンの働きもオンの状態にするものです。ステロイドも生きていくうえで不可欠ですが、交感神経機能と同じように過剰な状態が続くことが問題なのです。ステロイドの方が、うつ病との関係では重要ですが、内容が複雑で専門的になりますので、ここでは省略します。

最近話題のことをひとつ取り上げます。テロメアという染色体の端にあって染色体を保護しているものが、加齢とともに短くなり、保護の働きが低下して細胞の老化を促進したり、細胞分裂の際に保護作用が弱いために染色体に異常が生じてガンの原因になるというのです。テロメアがストレスによって短くなりやすいことが示されていて、後で紹介する瞑想がそれを防ぐという研究報告があります。まだこれから研究を要する事柄ですが、ストレスと健康との関係が密接であることを示す一例です。

時代がどれだけ進歩しても人の基本的な機能は同じで、ストレスがあるからには病気はあるのです。ストレスに関して重要なことは、ストレスの種類に関係なく心身に起こる反応は同じだということです。ですから、もし呼吸法や印など、忍者の対処法を現代人が行うことができれば有効であるはずなのです。

ストレス対処と不安克服の術

SNSやメールで多くの人とつながってはいます。私もSNSを使いますが、友達が何百人いても、本当に心が通う人はほんの数人で、リアルに出会ったことのある人がほとんどです。しかしSNS上の危うい関係性を拠り所に生きている人が実に多くいます。定年後、気が付くと誰も関わり合いを持つ人がいないということもよく起こり、孤独死につながります。今後ますます増えていきそうです。

かつて核家族化が問題になりましたが、家族がますますバラバラになり、愛情欲求を満たされない人が増えています。依存できる相手がいないとアルコール、ギャンブル、買い物などに依存をしたり、依存できる対象すら見つけられない空虚感に苦しむパーソナリティ障害の増加につながっていきます。リストカットなどの自己破壊的行為は、痛みを感じることによる自分の存在の確認と、苦しみのアピールの面があります。

人間関係の希薄、孤独は大きなストレスです。インターネットのメリットは理解していますが、リアルな人間関係とは明らかに異なります。面と向っての人間関係が、たとえ厄介な関係を含んでいても、人には必要なのです。現在の大変なペットブームは希薄な人間関係の補完的側面、自らも生物であることを思い出す側面があると、私は思っています。我が家にも猫がいますけれど。

こうした現代の状況は不安な気分を生じます。人は本質的に不安から逃れることはできません。希薄な人間関係や深い精神性の喪失は、人の不安を顕在化するに違いないと思います。

歴史には終わりがあり、それが歴史そのものの目的でもあるという終末論という考え方があります。なんとなくそれもわからないではないという、具体性はよくわからないですが、漠然とした不安が現代を覆っているというのが私の見立てです。私たち精神科医が仕事を失うことはない、つまり不安やストレスに病む人は減ることはないだろうと思います。

「新型うつ病」とも呼ばれる職場でだけうつの状態は、実は昔からあって、これも不安が大きな要素を占めています。昔からありましたが、社会現象としてとらえられるのですから増えているのでしょう。診断基準も変わってきていますし、正確な統計はありません。精神疾患自体が古い教科書に書いてあるものとは大きく違ってきていて、いろいろな疾患は軽症化しています。

軽症化はしていますが、かえって治療には手間がかかります。関係する要因が複雑であることと、人としての成長過程の問題や対人関係の問題による長年にわたる不安が大きな要因だからです。

現代はストレス社会といいながら、多様性の時代でもあり、逆のようにみえます。画一的な社会では落ちこぼれやすい上に、落ちこぼれまいと頑張ってしまい、結果的に重症化してしまうということです。そこで重症例が減ったのかもしれません。生きやすくなった人がいる一方で、これまでとは違ったストレス社会になり、適応できない人が多く現れると私は思います。

忍者は、ストレス対処と不安の克服の術を知っていました。それらは厳しい鍛錬の賜物であって、すぐに真似ができるものは多くはないですが、その考え方から自分なりの対処法を考えることはできると思います。拙著がそうしたことを考えるきっかけになることを切に願っています。

忍びメモ⑤ 禅と瞑想とマインドフルネスの違い

私は大学生のとき、別に悩みがあったわけではないですが、禅に興味を持ち、京都の大徳寺大仙院の尾関宗園さんにお願いをして、1週間修行の真似事をさせて頂きました。

まず草取りを指示され、外国人観光客相手に抹茶を出す仕事もしました。結局、抹茶の接待は覚えましたが、座禅は一度も教えてもらえませんでした。座禅を習いたいと言うと、これが禅だと言われました。最後の日に皆さんで見送ってくださり、宗園さんからは、よい精神科医になれ、と言われました。

宗園さんに言われたことの意味が今はよくわかります。「今ここに生きているありのままの私」を草取りでもお茶の接待でも感じることが禅なのです。禅とは、今に集中し、他には何も考えないことです。

これに対して瞑想は何も考えないこともありますが、むしろ何かの行動やイメージに集中します。目的とすることが違いますので優劣の話ではなく、瞑想の一部に禅があると私は理解しています。禅で脳波がどうなるのか、結果ははっきりしていませんので、ぜひ検討してみたいと思っています。述べてきたように宇宙の真理と一体になるという点では、忍者には瞑想が適しているのでしょう。

ちなみに今広まっているマインドフルネスは、禅と瞑想をあわせたようなものです。今を意識し、集中して大切にするのは禅と同じですが、雑念は禅のようには否定せず、気付きとしてとらえることで、客観性を持ち、思いやりや共感性を育み、集中力を高め、チームワークもよくするものです。瞑想は宇宙とか太陽とかのイメージに集中するものだと理解しています。

第四章

忍びの「躰」

運動効率を最大限に高める、
その体の使い方

いつまでも疲れない身体操法

忍びの身体を手にしたいところですが、同様の鍛練を積むことは危険をともないますので、現代では不可能です。しかし、可能な範囲で取り入れれば、少なくとも身体能力の向上や健康の維持増進につながるのは間違いないでしょう。

忍者は無駄な動きを省き、運動効率を最大限に高めていました。私たちは歩くときに足で地面を蹴って前進しています。これに対して忍者は「抜き動作」といって、関節を脱力し、重心を落とすことによって生まれる地面反力を利用していました。

抜き動作の場合、地面を蹴る動作の歩き方より素早い前進を可能とする実験結果が出ています。また、着地脚への負担が小さくなることも証明されています。現代のスポーツ科学の知識を持ち合わせているような、理にかなった動きをしていたのです。

川上氏は忍術鍛練法の応用として、抜き動作の姿勢をとる中腰歩きをすすめています。

まず、腰を落として重心を下げ、膝を自分の限界まで曲げます。足に負担がかかり、腿や膝はぶるぶる震えますが、その状態で腰の高さを変えずに歩くのがポイントです。

慣れてきたら次にステップアップし、右回りや左回りで「8」の字に動いたり、樹木の間を歩き回ったりします。

つらい歩き方ですが、運動効果が非常に高いと川上氏は明言しています。太極拳や日本舞踊でも中腰で長くゆっくり動くのも同じで、足腰が鍛えられ、同時に素早く動けるようになるそうです。

体力の消耗を最小限に抑える「なんば走り」

諜報活動の任務を遂行することを目的に、忍者は走る技術に日々磨きをかけていました。走る能力が忍者の優劣を決定する指針のひとつとされていたことも、鍛錬の原動力になっていたと思います。

忍者の常人離れした俊足は短距離に限りません。長距離でも超人的な脚力を持ち合わせていました。手に入れた情報をいち早く届けたり、敵の追っ手から逃れたりするためには、短距離の速さ以上に、長距離を移動する持久力が求められたのです。

それを可能にした秘密が、「なんば走り」と呼ばれる忍者走法にあります。

通常の私たちの走り方は「一軸走法」で、身体の中心軸を一定にして腰（骨盤）を左右にひねりながら走ります。対してなんば走りは「二軸走法」で、着地側の膝と腰を進行方向へ送り込みながら走り、できるだけ腰を回転させないことでエネルギーを節約します。

こうした運動効率の良いフォームで走ることにより、体力の消耗を減らせるのがなんば走りのメリットです。古武術の動きにも通じていて、飛脚も取り入れていました。

なんば走りの忍者は、1時間に4里（約16キロ）で、1日に40里（約157キロ）もの距離を走ったといわれています。これには先に述べた二重呼吸も役に立ちました。

10通りの歩法「足なみ十か条」

忍者は走る技術の一方で、任務遂行に不可欠な歩き方にも磨きをかけていました。

『正忍記』では、修得すべき歩行技術として「足なみ十か条」を定めています。10通りの歩法を見ると、忍者が状況に応じて複数の歩き方を使い分けていたことが推測できます。

人に気づかれないように音を立てずに歩くさまを、一般に「抜き足、差し足、忍び足」と言いますが、十か条のひとつがこの「抜き足」です。

抜き足は、足をそっと抜き上げるように上げ、つま先から静かに下していく歩き方を指します。足音を消したい場面で最も有効とされていました。

十か条の中には「常の足」と呼ばれる普通の歩き方もありました。普通といっても現代の動きとは異なり、前方の足を地面に踏み込むとともに、後方の足側の腰（骨盤）を進行方向に送り込み、腰のひねりを小さくする歩き方でした。原理は先述した「なんば走り」と同じです。忍者は歩行時も腰のひねりを抑えることで、運動効率を上げていたのです。

◆忍者の歩行技術「足なみ十か条」

一、抜き足……片足を引き抜き、つま先からそっと下ろしていく歩き方

一、しめ足……内股気味に太ももの内側を摺り合わせるような歩き方

一、片足………片足で跳びながら進む。ケンケン歩き
一、小足………歩幅を狭くして小股で踏み出す歩き方
一、走り足……早歩き。走ることを含める場合もある
一、すり足……左右の足を地面から浮かさずに、摺りながら進む歩き方
一、とび足……飛び石を渡るように大きな歩幅で飛ぶように歩く方法
一、大足………歩幅を広くして大股で踏み出す歩き方
一、きざみ足…素早く小刻みに足を踏み出す歩き方
一、常の足……普通の歩き方。ただし現代とは動きが異なる

足腰が強くなる「足甲歩き」

身体鍛練のひとつに、「足甲歩き」と呼ばれるものがありました。足の甲だけで歩くことによって、足首やその周囲を鍛えるものです。クラシックバレエの立ち方をもっと前に倒した感じで、こんなことできるかなと思います

が、たしかに写真が残っています。実際には杖を使ったようです。

こうして足腰を鍛えた忍者は驚異的なジャンプ力を生みます。敵の城や屋敷に侵入し、目の前に高い城壁や塀が立ちはだかっても、難なくそれを乗り越えられました。

とくに際立っていたのが、助走なしでの高跳びの能力です。『忍術秘録』によると約2・7mの高さを飛び越えることができたそうで、この数値は世界記録を凌《しの》いでいます。

また、その場で前方へジャンプする立ち幅跳びの能力も優れ、この数値も世界記録を凌いでいます。

足甲歩き以外の跳躍力の修得には、地面に穴を掘り、ジャンプで外に着地する方法をとり、徐々に穴を深くしていくような鍛錬をしたようです。黒井宏光氏の本に、人に見られないように夜に修行をし、一夜で草履がすり切れるという話が載っています。

身体能力を向上させる五感鍛錬

人間は視覚・聴覚・嗅覚・触覚・味覚の五つの感覚を備え、これら五感によって外界の状態を認識しています。

忍者の場合、諜報活動において危険を察知する目的で五感を研ぎ澄ますことが重要でした。その能力が生死を分けたのです。

では、どのようにして五感を鍛錬したのか、それぞれ見ていきましょう。

視覚

忍者が敵の城や屋敷に忍び込むのは真夜中です。したがって、暗闇での視力が重要となります。その修行法を「明眼之法《めいがんのほう》」と呼び、任務遂行の35日ほど前から暗い部屋で生活し、暗闇に慣れさせていました。

明眼之法では、夜になったらロウソクを灯し、限界まで瞬きをしないで炎を見つめ、目を閉じることを繰り返します。

次に、ロウソクを紙で覆って行灯《あんどん》とし、針で穴を開けて、その隙間から炎を見ます。そして、穴を徐々に増やしていき、穴を数えます。

さらに、自分の指を見つめてから奥の障子の四隅を見たり、暗い部屋から出て太陽を見たりします(※直接太陽を見ることは危険ですのでマネしないでください)。

これらの修行により、暗闇での視力の強化と、目のピント調節能力を鍛えていたのです。

聴覚

「小音聞《さおとき》き」という修行があり、雑音の中でも小さな音を聴き取る集中力を養いました。中でも特に、針を板や砥石に落として、その音を聴き取る「針の音聴き」の訓練をしました。この針の音聞きは自分でやるほかに、他の人に針を何本かを落としてもらい、その本数を聴き取る訓練もしたということです。

鍛えたのは音を聴き取る聴力だけではありません。

忍者は忍び込んだ城や屋敷で盗み聞きをする任務も担っていました。大勢の話し声の中から特定の人物の声を探ったり、密談している人数を言い当てるなど、そうした聞き分けの聴力を磨く訓練もしていたと伝えられています。

嗅覚

暗闇ではにおいも重要な情報になります。真夜中に敵陣に忍び込んだときは、視覚だけに頼らず、聴覚や嗅覚も駆使して状況を読み取らなければなりません。においで敵の接近などを察知していたのです。

嗅覚の鍛錬では、あらゆる物のにおいをかいで記憶したり、においの変化を察することに注力していました。体臭から性別や職業などの人物像を言い当てる忍者もいたと伝えられています。

触覚

真夜中に忍び込んだ敵の城や屋敷では、あらゆる感覚を総動員します。その際、手は触覚として機能していました。

真っ暗な空間を手探りで進みます。どこに何があるか、手の感触をもとに判断したのです。

目当ての部屋に到着したら、襖や障子に手を触れます。そうすることで部屋に人がいるかを気配で察知する忍者もいたといわれています。

忍者は手指の感覚を大事に日々過ごし、それが触覚の鍛練に通じていました。

味覚

忍者は敵から逃れて山奥に潜むときなど、サバイバル生活を余儀なくされることも多くありました。そんな場面では食材を自然から調達せねばならず、野生のキノコや山菜をはじめ、木の実など何でも口にして、食べられるものと食べられないものを判別する味覚を修得していました。

野生のものに限らず、あらゆる食材を味見してその味を記憶していたといわれています。味覚に対する情報分析力を高め、毒のある食材や、敵から毒がもられた食材などを舌先で判別できた忍者もいたようです。

さらに、人馬の汗が地面に落ちると塩味がすると『正忍記』には書かれています。こうして情報をとっていたのです。

高いところから落ちても ケガをしない「飛鳥之伝」

先にジャンプ力について述べましたが、忍者は高いところから飛び降りる能力にも優れていました。『忍術秘録』によると、50尺（約15ｍ）の高さから飛び降りることができたといいます。現代でいえば、ビルの5階に相当する高さです。

これを実現した高いところから飛び降りる術を「飛鳥之伝」といいます。飛鳥之伝では、着地の際に地面から少し上に飛び上がるようにすれば音を立てずに着地できるという教えが書かれています。鳶口《とびぐち》でも棒でも刀のように差して一尺ほど余るように脇の下に抱え込んで飛ぶとよい、もしそうしたものがなければ刀を差して飛ぶのがよい、とされています。

また『正忍記』には、竹などの杖について滑りながら背中を壁にすりつけて降りるのがよい、背丈ほどの木があれば着地の際に先にその木を地面につけることによって転んでも痛くない、縄をしばってそれを伝って下りればよい、と書かれています。

さらには、着地の際に足だけに体重の負荷がかからないように、両手をつきながら負荷を分散させ、しかも重心を前方の手の方へ移動させて衝撃を逃がしていました。これは現代のスタントマンも実践していることで、用心深く、実用的な方法です。

病気になった時に利用する「極秘の薬」

忍者は薬草について折に触れて学び、怪我や病を患ったときには治療に使える草木や樹木を調達し、対応していました。特に甲賀は古くから薬草の産地だったため、薬関係の伝承がよく残っています。

いくつかの極秘薬を紹介しましょう。中島篤巳氏の本から引用します。

秘極の薬（『**引光流忍術口決**』）

「石菖蒲《せきしょうぶ》を酒に浸し大量、陳皮《ちんぴ》を泉に浸して洗い中量、朝鮮人参を中量、混ぜて火であぶる」というのが作り方です。

石菖蒲の主成分は、アサロンという精油で健胃、鎮痛、駆虫、強壮作用があり、陳皮はみかんの皮を乾燥させたもので、主成分のフラボノイドは抗炎症作用や抗アレルギー作用、鎮咳作用などがあってかゆみや腫れと痛み、咳に有効です。朝鮮人参の成分サポニンは強壮、鎮静、虚弱体質改善などに使われます。

秘極の薬は腹痛、発熱、疼痛、消化不良、咳、気力喪失などの症状に効いたと考えられますが、生薬は一種でも多方面に薬効を発揮します。これを「秘極の薬」とし、しかも三種配合で万能薬だったようです。

為蛇（いだ）

『引光流忍術口決』はこれを「忍びの薬」とし、「カワラヨモギと硝石《しょうせき》を半々に混ぜてサメの油に17日浸したものを乾燥させて粉にし、紙袋に詰めて風上で火をつける」とあります。

硝石はすぐに燃えるためカワラヨモギで燃焼時間をのばしています。風上で使って相手に火縄銃があるように思わせ、その間に蛇のようにそっと逃げるのだそうです。

忍者の名門である藤林家には約１４０種の漢方薬の処方が伝えられています。葛根湯《かっこんとう》や五苓散《ごれいさん》など、現在の漢方薬とほぼ同じ処方です。ちなみに甲賀には今でも製薬メーカーがたくさんあり、忍者の歴史と関係があると思われます。

一口で一週間空腹しらずの「仙方妙薬」

怪我や病を治療する薬のほか、体の不調を回復してくれる薬も忍者にとって欠かせませんでした。

『忍秘伝』では、疲労回復や心身安定をもたらす「仙方妙薬」という薬を紹介しています。

この薬には驚くべき効能があります。信じがたいことですが、「一度服用すれば七日間は食事不要」などと謳《うた》われているのです。

仙方妙薬は黒大豆と苧実《おのみ》（麻の実）だけで作られています。

作り方は、「黒大豆五斗の皮を取り去り、水で100回洗って乾燥させて粉にし、これを麻の実三升の粉と混合して、こぶし大の団子にして甑《こしき》で蒸して作る」と『忍秘伝』に書かれています。

大豆にはタンパク質が含まれ、炭水化物や脂肪も含有していて栄養としてはよいものです。

一方の麻の実は麻薬です。脳を興奮させ、食欲が低下し、興奮状態を招くことになり、現代人は使ってはいけないものです。

食べれば疲れが吹き飛ぶ「兵糧丸」

忍者は潜入活動が長期間に及ぶこともあり、少量で大きなエネルギー効果を得られる食料を携帯食として持っていました。その代表格が「兵糧丸《ひょうろうがん》」です。

兵糧丸は直径1cm程度の団子状の形のものです。名軍師・山本勘助が記した『老談集』によると、30粒食べれば1日分のカロリーを摂取できるとされています。

カロリー補給だけでなく、漢方薬の効能も兼ね備えているのが特徴です。

その薬理作用によって気力回復も実現できたのです。

主な材料は、蓮肉《れんにく》（蓮の実の乾物）、桂心《けいしん》（シナモン）、人参（朝鮮人参）などの生薬と、大量の氷砂糖を使用します。

まず材料をすべて粉末にし、氷砂糖以外の材料に適量の水を加え煎じます。

次に氷砂糖に適量の水を加え弱火で温めて溶かし、煎じたものと合わせて弱火で煮詰めます。

それを丸めて乾燥させて固めたらでき上がりです。

兵糧丸は先に述べたように大量に使用する砂糖がポイントになっています。

当時とても貴重な品だった砂糖は、脳を働かせる栄養補給の役目を果たし、同時に血糖値が上がって空腹感を減少させます。

一方の生薬には滋養強壮や疲労回復に加え、鎮静・鎮痛の働きがあり、サポニンやシナモンの薬効によって気分爽快となります。

結果、体力と気力を回復させる携帯食兼丸薬として重宝されたのです。

◆兵糧丸の材料と作り方

・材料

もち米（0・5g）、うるち米（0・5g）、蓮肉（9・5g）、山薬《さんやく》（9・5g）、桂心（9・5g）、ヨクイニン（9・5g）、朝鮮人参（0・5g）、氷砂糖（225g）

・作り方

1 すべての材料を粉末にする。

2 氷砂糖以外の材料に適量の水を加え煎じる。

3 氷砂糖に適量の水を加え弱火で温めて溶かす。

4 2と3を合わせ弱火で煮詰める。

5 丸めて乾燥して固める。

喉の渇きが一発で解消する「水渇丸」

兵糧丸と同じく、疲労回復や滋養強壮効果が高いとされる携帯食に「飢渇《きかつ》丸《がん》」があります。形状は変わらず、直径4㎝ほどの団子状のものです。

飢渇丸のレシピは『万川集海』に紹介されています。朝鮮人参、山芋、ハトムギ、もち米、そば粉などを主な材料とし、これらを酒と混ぜて団子状にして作ります。

兵糧丸よりも二回り大きく、腹持ちはするものの、兵糧丸ほどの疲労回復効果は期待できなかったようです。

もうひとつ、『万川集海』には「水渇丸《すいかつがん》」という携帯食が紹介されています。水渇丸は梅干しを使って喉の渇きを止めるもので、「数粒服用すれば10日以上水は不要」といった伝承もあります。

梅干しの肉を打ち潰したもの、氷砂糖、麦門冬《ばくもんどう》を材料とし、梅干しによって唾液の分泌を促して、生薬である麦門冬の成分が喉の渇きを癒します。

水渇丸さえあれば水を飲まなくても大丈夫と謳われていますが、実際にはそれは嘘で、軽度の喉の渇きを紛らして平常心で行動できるという程度のものです。あくまで一時しのぎでしかないため、水分補給も必要でした。

◆水渇丸の材料と作り方

・材料

梅干の果肉（約37g）、氷砂糖（約7・5g）、麦門冬（約3・7g）

・作り方

1 梅干の果肉と種の部分を分ける。
2 残りの材料を粉末にする。
3 両者を混ぜて手でよくこねる。
4 1cm程度に丸めて乾燥させる（天日干しする）。

※これまで修行したことのない人にとっては危険な動きや、麻の実など現代人が使ってはいけないものもあります。そのまま取り入れるのではなく、実生活でアレンジできる範囲内でご活用ください。

第五章

忍びの「術」

生きのびるために
——いざという時のサバイバル術

忍術の象徴としての「針」と「切」

敵陣に忍び込み、情報を収集して生還することが忍者の最も大事な使命です。生きて帰ってくるまでにはいくつも山を越えなければならなかったり、道なき道を進むことも多かったと思います。

だからこそ、忍者の技にはどんな状況でも生き残るための知恵が詰まっています。創意工夫されたその忍術は過去のものではなく、現代でも通用するものが少なくありません。

忍者愛用の品といえば手裏剣を思い浮かべる人が多いと思いますが、忍びの道具には日常生活に根付いたものも数多く存在しました。

たとえば、「針」と「切《きれ》」がそれです。

針は現在でもお馴染みの針そのものです。『甲賀奥義之伝』には、「常にもち　刺し縫い死活け　ともにする　秘すれば針の　極意と知れよ」と書かれています。ふだんは縫いものに使ったり、針治療として使うなど、人の役に立つことに使いますが、急所を刺せば相手の命を奪う武器にもなるものです。

切は布のことで、物を隠したり、姿を隠すのに使えますし、包帯や綱にもなります。また泥水を濾《こ》すこともできますし、火薬の原料にもなります。忍術書には「眼に見えて　包み隠して　結う切は　露に用い　益ぞ多かれ」（『甲賀奥義乃伝』）と書かれています。

どちらも、持っていても怪しまれませんが、工夫次第で幾通りもの使い道ができるものです。こうした日用品の活用こそが忍術の本質のひとつでしょう。

ちなみに、塀や石垣を登るときは、かぎ縄や飛びはしごなどの道具を持っていると目立ちますので、基本はフリークライミングです。五寸釘が役に立ちます。使うとしても、あたりにある木などで即席の道具を作ったようです。

また、映画やドラマで忍者が刀を背中にさしているのは作り話で、ふつうの侍のように刀を持っていました。

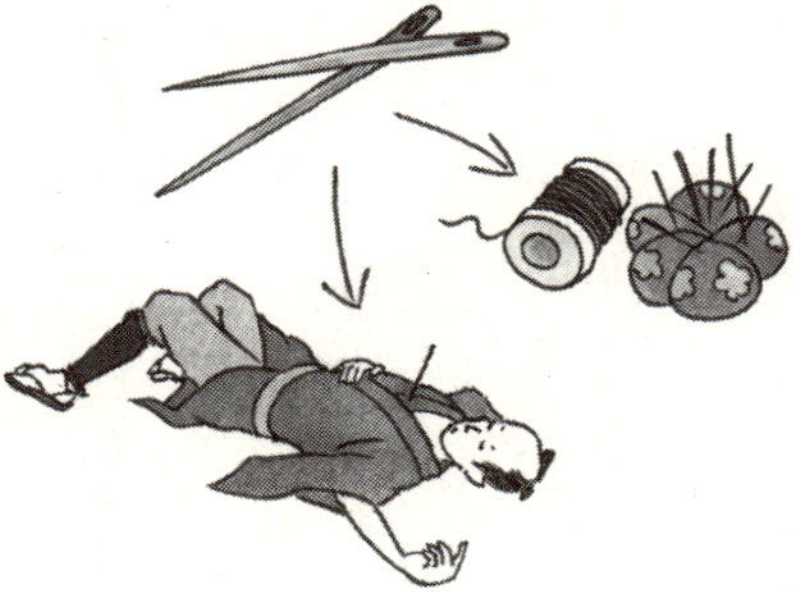

正しい情報を集める「穴蜘蛛地蜘蛛之伝」

塀を越せないときに地面に穴を掘って忍び込む方法を**「穴蜘蛛地蜘蛛之伝」**といいます。一方のみに心を払わず、その周囲を何回も周って入口を探すため、蜘蛛の網をかけるように工夫が必要ということで名づけられました。近くからが無理ならば遠くから根気よく掘ることもあったそうで、忍者の辛抱強い心性がうかがわれます。

「穴蜘蛛地蜘蛛之伝」には、蜘蛛の巣のようなネットワークを使って敵を陥れたり、あらゆる場所に情報を張り巡らすことの重要性を伝える意味合いもあります。忍者にとって情報収集は一番の任務です。その方法、分析をどのように行っていたのかを、川上氏の『忍者の掟』を手引きに紐解きます。

忍者は敵地に侵入する前に「視・観・察」で相手の全体像を把握し、状況を判断していたと川上氏は綴っています。

「視」は部分的に細やかに分析すること、「観」は全貌を大局的に判断すること、「察」は現れた現象の深層を探ることとです。

この心得のもと、情報収集および分析の方法として、『孫子』の「五事七計」を挙げています。

『孫子』は中国、戦国時代の兵法書ですが、敵味方の実情の分析比較、交渉、計略などにより「戦わずして勝つこと」を本義としている点が、忍びの精神と相通じるといいます。

その『孫子』の序論、「計篇」に「五事七計」という言葉があり、戦争するかどうか決断する前に、敵味方の五事（道・天・地・将・法）と七計（論理・能力・天地・法治・強弱・訓練・公平性）の実情を分析比較しなければならないと説いているそうです。

川上氏は「五事」の意味と、現代に置き換えた言葉を次のように解説します（川上氏の『忍者の掟』より引用）。

・道……為政者と民の心が一つになるような政治のあり方（組織のモラル）

・天……季節、天候などの自然（タイミング）
・地……地理、地形（ポジション）
・将……戦争の指揮者の力量（リーダーの力量）
・法……軍隊の編制、軍の制度・規律（組織を動かすシステム）

これら5つの実情を、次の「七計」によって分析比較します（川上氏の『忍者の掟』より引用）。

・論理……敵味方、どちらの君主が道徳的か（トップの倫理観）
・能力……将はどちらが優秀か（リーダーの能力）
・天地……天の利、知の利はどちらに有利か（タイミング、ポジション）
・法治……軍規はどちらが厳格に守られているか（組織としての法治性）
・強弱……軍隊はどちらが強いか（組織としての力量）
・訓練……兵卒はどちらがよく訓練されているか（組織を構成する人の熟練度）
・公平性……信賞必罰はどちらが厳正か（判断と評価の公平性）

これらを相対的に見て、自分と相手の優劣を比較し、勝算が充分に見込めるなら戦いに打って出る、ということだそうです。

川上氏によると、忍者には現代でいうところのリーダーと部下を担う役割の人がいて、部下は五事七計にあたるさまざまな情報を収集し、リーダーに

報告していたといいます。リーダーはそれらの情報から相手と自分の力量や状況を比較検討し、勝機を確信したうえで挑み敵に勝つという流れだったそうです。

川上氏は五事七計を「自分たちが優位に立つための戦略」にあたると指摘します。

自然災害のときに一番安全な場所はどこか

日本は古くから地震や火山の噴火など、自然災害が多い国です。自然災害の危険回避について、忍者の技と知恵を生かせないか考えてみましょう。

川上氏によると、地震のときの対処法は、「外を歩くときは建物の際を歩け」という忍者の心得のひとつを挙げています。建物から少し離れて歩くより、すぐ際を歩く方が敵に囲まれにくく、上から物を落とされたときには、放物線を描いて少し離れたところに落ちるので安全なのだということです。しかし、建物自体が倒れてきたらかえって危険を伴うこともあるため、何とも言えません。

火や煙への対処法は、煙に対する対応が重要となり、身を低くして、濡らした布で口を覆うことが基本です。忍者は戦法として放火や焼き打ちもしていたので、その対処法を心得ていて奥義書にも書かれているそうです。建物内から逃げる際に立った状態だと煙が肺に入って死の危険を伴います。煙は空気より軽くまず上昇するため、煙を吸い込むのを避けるには身を低くして逃げなければなりません。忍者の歩法のひとつに犬のように両手両足を地面につけて歩く「犬走」という方法があり、姿勢を低くするのによいでしょう。

災害のときは頭を守ることが第一です。先に紹介した「鶉隠れ」は顔を隠す方法ですが、頭を守るように隠れるとよいかもしれません。

水を作ることまではしなくてよいでしょうが、先に紹介した現代の兵糧丸、つまり非常食を備えておくべきです。また、日常生活の道具を工夫して使う忍者に学ぶこともあると思います。

避難所で過ごす場合は、慣れない生活に不安を感じたり、不眠に悩むことも考えられます。これには呼吸をゆっくりと整えて対処しましょう。

そして何よりも、災害時は正しい情報をとり、正しく判断することと、侮らずに準備をして、和と忍の精神で助け合い、生きて生きて生き抜くようにする心構えを見習うとよいと思います。

方角を一瞬にして知る技術

知らない土地で方角を知りたいとき、日中は太陽の位置、夜は北極星の位置をもとに判別する知識を持っていました。

日中、太陽は南に向かって昇り、午後12時にちょうど南の方角(これを南中と呼びます。北半球の場合)に位置すると定義されています。すなわち現在の太陽の位置から南中時の方角を割り出せば、南の方角がわかるということです。忍者はそれを心得ていたのでしょう。

現代でいえば、太陽の位置とアナログ時計の短針で方角を判別できます。地球は北極と南極を結ぶ軸の回りを1日に1回転しています。1時間当たりだと15度回転していることになり、太陽は1時間当たり15度ずつ東から西に動いている計算です。

対してアナログ時計の短針は、1時間当たり30度ずつ回転しています。太陽の動きの2倍の速さで回転しているわけです。

たとえば、現在の時刻が午前8時だったとします。現在の太陽の位置に短針を向けて、4時間後がちょうど南中ですが、前述したようにアナログ時計の短針は太陽の動きの2倍なので半分の2時間後と換算し、「10時」の方角が南ということになります。

一方、夜は北極星が北の空に輝いているので、その位置を見て北の方角を知りました。北半球ではすべての星が北極星を中心に回り、一年を通して観察できます。北極星の探し方は、春夏は北斗七星、秋冬はカシオペア座を起点にたどっていくとわかりやすいでしょう。

ただ、空が曇っていて太陽も北極星も見えない日もあります。そんなときには、手製の「コンパス」を使いました。縫い針や耆著屈《きしゃく》という薄い鉄板でできた舟形のものです。鉄製のこうしたものを熱してすぐに冷やすと磁性を帯びるという性質を利用しました。これを水に浮かべれば南北がわかるのです。

山や森でも迷わない、忍者流山歩き

未知の土地で山や森に迷い込み、地図はなく、道を尋ねる人もいなかったとします。そうなったら大抵の人は途方に暮れてしまいますが、忍者はまったく平気でした。里に通じる道を探し当てる術を持っていたからです。

『正忍記』には「知らぬ山路の習い」として、次のように書かれています。

「本道とおぼしき筋には、草履《ぞうり》、草鞋《わらじ》の古き、或いは牛馬の沓すたり有るものあり。もっとも糞の落としあり。人の往き通う道は土地沈み、通らざる道は土浮くものなり。いかほど広き街道にも、人の道筋、細くつくものなり」

簡単にいえば、山路のメイン通りには人や牛馬の通った痕跡が残されていたり、人の通る道は踏み固められて土が沈み、逆に通らない道は土が浮いている、といったことを教えています。

つまり忍者は、人の痕跡を見極めて里への道を探しました。里に続く重要な道ほど人通りは多くなります。草履や草鞋の足跡があったり、牛馬の沓跡や糞が残されていたり、道路が踏み固められていたりするのです。そういった痕跡を探せば、里への道かどうかわかるということです。

そのほか、鳥や獣が人を恐れるかどうかや、周囲の草刈りの状況からも里が近いかどうかを推定しました。人を見てすぐに飛び立つなど鳥や獣の警戒心が強いと人通りがある可能性が高く、きちんと道が整備されているのは人の手が入っている証拠なので里が近いと予想できます。

山や森の中を迷わず進むのに加え、生還するために帰りの道を覚えておく必要もありました。

道の覚え方は簡単です。道すがら巨岩や古木など特徴のある物や景色を目印として記憶します。目印がない場合は目印を作っておきました。枝を折ったり、木に傷をつけたり、草を結んでおいたのです。

山や森を歩くとどこも風景が同じように見えますが、目印を頼りにすれば迷わず帰ることができます。

水なき場所で水を得る方法

水は生命の維持にとって必須なものですから、水の確保が生きのびるためには重要課題となります。山や海など飲み水の確保が困難なところもあり、水なき場所でいかにして水を得るかが生死を分けることになるのです。

その前に、水のあまりないところでは喪失する水分を減らすことを考え、体温の上昇を抑えることが合理的です。夜間を中心に活動すれば体温の上昇を抑えてことができます。また、私見ですが、忍者の呼吸法として紹介した息長のような副交感神経を優位にすることをすれば、リラックス効果によって失う水分は減ります。

肝心の水を得る方法は、まず山の場合はその形から水源を読む方法です。大きな尾根が続く山は尾根近くに水があり、深い谷には川が流れ、低地には池ができやすいのです。『万川集海』では低地で水辺に生育するミズアオイ、

オモダカ、カキツバタ、アシなどの植物を紹介し、これが生えているところの近くに水があると教えています。

次に海の場合は海水から真水を作る方法が興味深いです。赤土を利用するのです。赤土は火山灰に由来し、酸化鉄を含んでいるため赤い色をしています。陰イオンを吸着する特性を持つことから、『万川集海』には、船の底に赤土を塗りつけて、塩分の陰イオンを吸着する方法が書かれています。

ヒノキは火を起こす木

現代はライターやマッチがあってどこでも火を起こせますが、昔はそんな便利なものは存在しませんでした。火打ち石を使って火を起こすことが多く、川上氏によるとそのほか、木と木を擦り合せたり、レンズで太陽の光を黒点に集めるなどしていました。

ちなみに火を起こすのに最適な木は檜で、これは火を起こす木だから「ヒノキ」というそうです。

火を起こすときは、火打ち石を打って出た火を移し取る「火口《ほくち》」が必要になります。火口がないと火はつきませんし、その都度火口を探すのも手間です。そこで忍者は火口を事前に準備し、打竹に入れて持ち歩いていたといいます。いつでも手早く火を起こせる状態にしていたわけです。

なお火口には麻の黒焼きが適し、これに硝石を混ぜておくとなおいいそうです。

一度起こした火を保ち続ける忍具も作られていました。「袖火《そでび》」と呼ばれるものです。着物の袖に入れて持ち運べる火元で、一種の懐炉《かいろ》のようなものであったといわれています。

火を起こしてから袖火に移しておけば長時間長持ちして、必要なときにいつでも火打石を使うことなく火をつけられるのです。

突然の病気やケガに効果を発揮する薬草一覧

忍者は体の不調を治す薬草について豊富な知識を持っていました。任務を遂行するためには、体調が万全でなければならなかったのです。

甲賀は古くから薬の産地だったことから、薬草にはより精通していました。周辺を山に囲まれた伊賀も、薬草は豊富にとれたようです。

川上氏によると、もともとは薬草として重宝されていたニラや野蒜《のびる》など臭いの強い植物は腹痛によく効きます。

また、イタドリという薬草は痛み止めに使われており、その名は「痛み取り」からきているそうです。

薬を持ち合わせず、突然、腹痛を起こしたなど、薬草の知識を得ていれば救われることもあるでしょう。

◆忍者を支えた主な薬草

・イタドリ
痛み止めとして用いられた。葉に止血効果がある。

・ドクダミ
鎮痛や解毒などに効果がある。乾燥してそのまま用いられた。

・センブリ
下痢や腹痛に効果がある。乾燥させて煎じて飲む。

・クズ
根は鎮痛、発汗、解熱作用を持つ。漢方薬「葛根湯」の材料。

・ニッケイ
鎮静、健胃作用を持つ。樹皮を乾燥させると香料で有名な「シナモン」。

・オオバコ
花期の地上部を使用する。種子は乳腺炎に、乾燥した花期の地上部は咳止め、整腸作用がある。
・ゲンノショウコ
下痢、整腸、発疹、かぶれなどに効く。煎じて服用する。
・ヨモギ
何にでも効く万能薬でお灸のもぐさにもなる。漢方薬ガイヨウの材料。

丈夫で防虫効果もある忍者の衣服

忍者の格好は、甲賀や伊賀を含め当時の農民の一般的な服装でした。着物は藍染めのあと、〝クレ〟で染められていたものです。クレとは山や田にどろどろと湧き出る酸化鉄で、布を腐りにくくし、防虫効果や止血効果があります。クレ染めの布はある程度の毒を濾すこともできるとされ、甲賀や伊賀地方では農作業の衣服に使われたようです。

また、藍染めやクレ染めの布は真っ黒に染まりません。夜には月明りなどがあれば真っ黒はかえって目立つことがあり、闇に紛れるには都合がよかったのです。

黒装束ばかりではありません。忍者はときにさまざまな人物に変装し、日常生活に紛れ込んで諜報活動を行っていました。

『正忍記』によると、7つの職種に変装する基本形を「七方出」と呼び、「虚無僧」「出家僧侶」「山伏」「商人」「放下師」「猿楽師」「常の形」の7つの姿を指します。はじめ3つの宗教関係者は自由に街道を往来できる利点がありました。放下師は城下など人の集まるところで曲芸や手品などの見世物を行う大道芸人です。猿楽師も似ていますが、演じるのは古典芸能で個人宅を公演場所として敵の邸宅に侵入できました。常の形とは普段の姿ということです。

いずれも格好だけではなく、中身もなりきる必要がありました。たとえば薬売りなら薬の口上を言えなければなりませんでしたし、魚のウロコをコンタクトレンズのようにはめて目が不自由な人に見せることもあったそうです。

おわりに

忍者は、「ＮＩＮＪＡ」といぅみなさんが抱いているイメージとは全く異なる実像がありました。

忍術では武術的要素は一部であって、多様な要素を含んでいます。本書の項目がそれを示しています。私は忍者研究の専門家ではなく、ストレスを研究する精神科医です。そういう立場から忍者についてまとめてみました。

ストレス対処において重要であることは、オンとオフの切り替えをいかに上手に行うかです。頭ではわかっているという人も多いですが、身につけることはなかなかできません。基本的な心性を少し変えないと身につかないのです。忍者のものの考え方が参考になればと思います。

たとえば、宗教をすすめているわけではありませんが自然の真理、宇宙の真理といった深い精神性を考えてみてもいいと思いますし、息長を真似ることは難しいですが、呼吸を意識的にゆっくり行うことなどでオンオフの上手な切り替えにつながるのではないでしょうか。

私が昔から敬愛している精神科医で思想家のマックス・ピカートは、その著書『沈黙の世界』（みすず書房）で、人にとって根源的な沈黙の重要性を述べています。沈黙の世界とは精神性のことをいっています。ここから言葉が生まれるのです。ピカートの生きた時代にはラジオが騒音で、沈黙の世界の危機を警告しましたが、今や騒音だらけです。ここでの騒音とは、便利なものの総称で、ネットなども含まれます。ピカートはキリスト教を背景にしていますが、天寿国繍帳《てんじゅこくしゅうちょう》に織り込まれている聖徳太子の「世間虚仮、唯仏是真」も同じことを指していると私は理解しています。私の地元にある伊勢神宮で感じる独特の神々しくさわやかな空気も同じだと思います。ピカートの「沈黙」、聖徳太子の「仏」、伊勢神宮の「神々しい清涼さ」を理解することが本当のストレス対処ではないかと思います。

忍者の精神性は日本人の心性を基盤にしたものであり、日本人の心性として大事な和の精神です。長所は短所にもなりますが、忍の心、不動心、たしかな情報とたしかな分析は日本人の欠点を補うものです。忍者の観察眼、コミュニケーション術も大いに参考になります。人にとって、リアルな人間関係はとても大事だからです。

五感を磨き、腹八分目で身体を鍛え、無駄なエネルギーを使わない、損害を最小限にしてしたたかに戦う、生きて生きて生き抜く、といった忍者的生活を一部でも取り入れることによって、いくら科学技術が進んでも、あるいは環境破壊が進んでも、生物としての人、精神性を持つが故の人が生きのびていけるのではないかと、私は思っています。

本書の執筆にあたっては次の書籍を参考にし、一部引用させて頂きました。深く謝意を表します。また、本書の出版を誘って頂き、最後まで応援をしてくださった青春出版社の布施綾子さんにお礼を申し上げ、筆を擱きます。

小森照久

参考文献

川上仁一『忍者の掟』角川新書　2016
山田雄司『忍者の歴史』角川選書　2016
実行委員会（監修）『ＴｈｅＮＩＮＪＡ 忍者ってナンジャ!?』ＫＡＤＯＫＡＷＡ２０１６
中島篤巳『忍者を科学する』洋泉社　2016
黒井宏光（監修）『忍者のすべてがわかる本』ＰＨＰ文庫　２００９

青春文庫

折《お》れない・凹《へこ》まない・ビビらない！
忍者《にんじゃ》「負《ま》けない心《こころ》」の秘密《ひみつ》

2017年7月20日　第1刷

著　　者　小《こ》森《もり》照《てる》久《ひさ》

発 行 者　小澤源太郎

責任編集　株式会社プライム涌光

発 行 所　株式会社青春出版社

〒162-0056　東京都新宿区若松町12-1
電話　03-3203-2850（編集部）
　　　03-3207-1916（営業部）
振替番号　00190-7-98602

印刷／中央精版印刷
製本／フォーネット社

ISBN 978-4-413-09674-4

万一、落丁、乱丁がありました節は、お取りかえします。